KB264698

직장인의
말≒공부

끌리는 말, 통하는 말로 바꾸는 소통의 지혜

직장인의 말 공부

사쿠라이 히로시 지음

박선영 옮김

"대화법은 아무리 배워도 자신감이 생기지 않아요."

다양한 업계 종사자들이 모인 자리에서 한 영업 사원이 이런 고민을 털어놓았다. 그는 회사에서 커뮤니케이션 강의와 연수를 여러 번 받았다고 말했다. 하지만 막상 현장에 나가면 배운 내용을 제대로 살리지 못해 고민이었다.

고객과의 대화가 매끄럽지 않으니 실적도 영 신통치 않았다. 원래 말하는 데 자신이 없고 실패가 자꾸만 반복되다 보니 이제는 콤플렉스가 생겨 고객과의 대화가 두려울 정도라고 했다.

나는 그에게 강의와 연수에서 무엇을 배웠는지 물었다.

"무엇보다 상대의 이야기를 잘 들어야 한다고 하더군요. 구체적인 기술로는 맞장구를 치거나 고개를 끄덕이는 법을 배웠습니다. 하지만 고객 중에는 먼저 말을 꺼내기 싫어하는 사람도 많아요. 그런 상황에서는 맞장구치거나 고개를 끄덕일 일이 없지요. 그런가 하면 자기 이야기만 실컷 떠들고는 계약을 차일피일 미루는 사람도 있어요. 저야 배운 대로 열심히 맞장구를 치고 고개도 끄덕였지만 결국 모두 효과가 없었습니다.”

　그 밖에도 그는 첫 인상을 좋게 하는 인사법와 명함 교환하기, 고객의 구매욕을 자극하는 결정적 한마디와 같은 기술을 배웠다고 했다. 상대의 이야기를 잘 듣는 것은 대화법의 기본이다. 진짜 말을 잘하는 사람은 잘 듣는 사람이라는 말도 있지 않은가.

　하지만 우리가 알아야 할 중요한 사실이 하나 있다. 맞장구를 치거나 고개를 끄덕이는 행동은 듣는 기법의 아주 일부분일 뿐이라는 것이다. 이런 스킬을 아무리 잘 구사한다고 해도 알맞은 질문을 던져 상대가 원하는 것을 캐치하지 못하면 아무 소용이 없다. 듣기가 중요하다고는 하지만 내 쪽에서 적극적으로 ‘질문’을 던져야 할 필요가 있는 것이다.

　결론부터 말하자. 사소한 잔재주만으로는 말하는 능력을 키울 수 없다. 최근 기업 연수 현장에 다니면서 나는 이런 잔기술에 집착하는 비즈니스맨들이 많다는 느낌을 받았다. 대화에는 어떤 상황에서도 통용되는 대원칙이 있다.

그것은 바로, 모든 말하기에는 ‘상대가 있다’는 사실이다.

당연한 이야기 같지만 이는 매우 중요한 원칙이다. 상대가 없는 커뮤니케이션은 존재하지 않는다. 대화 상대를 고려하지 않고 나 홀로 화려한 기술을 구사해봐야 허공에 대고 소리 지르는 것과 마찬가지다.

'상대'가 있다는 사실을 제대로 인식하고 커뮤니케이션에 임한다면 그동안 익힌 기술은 당신에게 강력한 무기가 되어줄 것이다. 원만한 인간관계를 만들면서 동시에 내 의도를 정확하게 상대에게 전달할 수 있으니 업무 성과가 오르는 것은 당연한 일이다.

비즈니스 대화에 능숙하고, 그것을 자신의 업무 성과로 연결시키는 사람들은 이런 원칙을 잘 이해하고 있다. 그들은 자신만의 기술을 무기로 활용해 커뮤니케이션의 목적을 효율적으로 달성한다.

자, 그렇다면 당신은 어떤가? 상대가 뭘 원하는지 알기는커녕 대화 울렁증에 시달리고 있지는 않은가? 상사, 고객, 혹은 클라이언트와 자연스레 대화를 이어가는 일이 곤혹스럽지는 않은가?

지금부터 나는 커뮤니케이션의 기본 원칙을 바탕으로 어떤 상황에서도 효과적으로 목적을 달성할 수 있는, 업무의 질이 지금보다 높아질 수 있는 대화법에 대해 이야기하려고 한다. 이 책이 당신의 커뮤니케이션 능력을 향상시킬 수 있는 계기가 되기를 진심으로 바란다.

목차

사람들은 종종 상대방의 의도를 파악하지 못하거나,

자신의 목적을 정확히 전달하지 못한다. 왜일까? 이유는 간단하다.

상대방은 자신과 전혀 '다른 존재' 이기 때문이다.

너무나 당연한 이 사실을 잊어버린 탓에 이야기가 상대에게

전달되지 못하는 것이다. 가령 "차 좀 부탁한다."라고 하면

녹차를 떠올리는 사람도 있고, 커피라고 생각하는 사람도 있다.

같은 커피라도 뜨거운 커피인지 아이스 커피인지,

모두 생각이 다를 수 있다. Part 1의 키워드는 'Delivery' 다.

이는 커뮤니케이션의 가장 큰 목적이며 상대를 내 이야기에

집중시킬 수 있는 기술이 전제되어야 한다. 지금부터 보다 정확하게

자신의 의도를 전달하고, 상대를 듣는 사람으로 만드는

방법에 대해 알아보자.

PART 1

Delivery
전달하기

정확하게 전달하고
확실하게 설득하라

왜 내 말을 못 알아듣는 거야?

업무상 회의로 한 회사를 방문했을 때의 일이다. 나를 맞이한 담당자는 부하 직원에게 "차 좀 부탁하네."라고 말하고는 자리에 앉았다. 잠시 후 그 직원이 녹차를 가지고 왔다.

그러자 상사는 이렇게 말했다.

"뭐야? 난 커피 부탁했는데……."

그러자 직원은 죄송하다며 허둥지둥 다시 커피를 준비하러 갔다. '차를 부탁한다'는 상사의 말은 나도 분명히 들었다. 아마 부하 직원도 속으로는 '아까 자기가 차 달라고 해놓고서'하고 투덜댔을 것이다. 하지만 정작 상사는 "회의할 때는 당연히 커피지요."라고 말하면서 전혀 신경 쓰지 않는 눈치였다. 그는 마치 이 상황이 '차'를 '녹차'로 알아들은 부하의 잘못이라고 생각하는 듯했다. 아마 그의 머릿속에는 '차=커피'라는 등식이 성립되어 있을 것이다.

여기서 중요한 사실이 하나 있다.

**상대에게 의미가 정확히 전달되지 않았으므로
둘의 대화는 실패로 끝난 셈이라는 것이다.**

이런 일방통행식 커뮤니케이션은 주변에서 심심치 않게 볼 수 있으며, 종종 오해와 갈등의 불씨가 되곤 한다. 예를 들어 부하 직원이 상사에게 가능한 빨리 A사의 견적을 확인해달라고 부탁했다고 하자. 직원에게 '가능한 빨리'는 오늘 중이지만 상사는 '이번 주까지면 괜찮겠지?'하고 생각할 수 있다.

소심한 부하는 상사에게 재촉하지 못하다가 견적서가 지연되었고, 결국 거래처로부터 불만을 듣는 처지가 된다. 그는 상사에게 애초에 "오늘 중으로 확인해주세요."라고 확실하게 말했어야 했다.

하지만 직원은 이렇게 투덜댔을 것이다.

"가능한 빨리라는 게 당연히 오늘 중이지, 왜 사람 말을 못 알아듣는 거야?"

또 다른 예를 들어보자.

보험사 직원인 지인이 당신에게 좋은 상품이 있다고 가입을 권유했다. 당신은 선뜻 내키지 않았지만 대놓고 거절하기가 어려워 한 번 고려해보겠다고 얼버무렸다.

그러면서 당신은 이렇게 생각할 것이다.

'이 정도면 계약할 의사가 없다는 걸 알아들었겠지?'

그런데 며칠 뒤 지인은 또 연락을 해왔다.

"어때, 생각 좀 해봤어? 이번에는 자네한테 딱 맞는 상품으로 골라왔으니까 한 번 살펴봐."

남의 속도 모르고 계약을 재촉하는 지인에게 당신은 이렇게 말하고 싶을 것이다.

"왜 내 말을 못 알아듣는 거야!"

이심전심은 통하지 않는다

사람들은 왜 남의 말을 제대로 알아듣지 못할까? 이유는 간단하다. 앞서 말했듯 상대방은 자신과 전혀 '다른 존재'이기 때문이다. 너무나 당연한 이 사실을 잊어버린 탓에 이야기가 상대에게 전달되지 못하는 것이다. 당신은 이 사실을 분명히 기억해야 한다.

**같은 말이라도 상대가 다르면
받아들이는 방법도 전혀 달라진다.**

한국과 일본 같은 단일민족 국가에서는 특성상 남과 나의 차이를 크게 의식하지 않는 환경에서 살아왔다. 사람들은 자연스레 구구절절 설명하지 않아도 서로의 마음을 알아주는 대화법에 익숙하다. 이것은 상대가 내 마음을 알아주기를 기대하는 '이심전심형 커뮤니케이션'이라고 할 수 있다.

반면, 여러 나라가 국경을 접하는 서양 국가는 다르다. 그들은 다양한 인종이 함께 생활하며 '상대는 나와 다르다'는 전제에서 커뮤니케이션을 시작한다. 그러므로 '나와 다른' 상대에게 자신의 의도를 전달하기 위해 말로 정확하게 표현한다. 우리와는 정반대의 '표현형 커뮤니케이션'이다.

어떤 커뮤니케이션이 더 나은가라는 논쟁은 필요하지 않지만 현대 사회에서, 특히 비즈니스 현장에서 '이심전심형 커뮤니케이션'

은 종종 한계에 부딪힌다. 글로벌 사회 속에서 사람들의 가치관은 점점 더 다양해지고 있다. 세대 차이가 나는 사람들이 함께 일하기도 하고, 같은 사무실이라도 정규직, 비정규직과 같이 각자의 입장이 다른 사람들이 있을 수도 있다. 또 SNS의 발전은 나날이 새로운 인간관계를 확대시킨다.

다양한 입장과 가치관을 가진 사람들과 관계를 맺는 기회가 늘수록 '표현형 커뮤니케이션'의 중요성이 높아지고 있다. 더 이상 자신의 마음을 알아달라는 식의 '이심전심형 커뮤니케이션'은 통하지 않게 된 것이다.

**말하고자 하는 것을 보다 정확하게 표현하라.
커뮤니케이션의 열쇠는 상대방이 당신의 말을
얼마나 잘 이해했는가에 달렸다.**

나는 분명히 말했는데 상대가 알아듣지 못했다면 애초에 말하지 않은 것이나 다름없다. 내가 무엇을 의도했는지, 원하는지 상대가 찰떡같이 알아주기를 바라기 전에 보다 명확한 표현으로 당신의 이야기를 전달하자. 상대는 나와 완전히 다른 존재라는 점을 확실히 인식하면 당신의 커뮤니케이션은 지금보다 훨씬 더 깔끔해질 것이다.

말했다, 못 들었다는 논쟁은 필요 없다

누구나 이런 경험이 한두 번쯤 있지 않은가? 나는 분명 말했다고 생각했는데 상대방이 뒤늦게 자신은 그런 말을 듣지 못했다며 난색을 짓는 황당한 순간 말이다. 다음은 부동산 회사에서 중고 물건을 취급하는 영업 사원의 사례다.

그는 새로 나온 물건을 상사에게 보고했다.

"전에 살던 사람이 애연가에 고양이까지 키웠던 터라 집 안 전체에 악취가 배어 있습니다. 어느 정도 수리를 해야 판매할 수 있을 듯합니다."

  상사가 별다른 말이 없자 영업 사원은 집수리를 진행하기 시작했다. 그런데 그 사실을 알게 된 상사가 그를 불러 호되게 질책하는 것이 아닌가.

  상사가 말했다.

  "그 물건이 수리가 필요하다는 이야기를 미리 했어야지! 그리고 누가 맘대로 수리하라고 했어? 이렇게 되면 비용이며 판매가도 완전히 달라지지 않나. 그런 중요한 보고는 먼저 하라고 내가 몇 번이나 말했어?"

  영업 사원은 당연히 "수리가 필요하다는 사실은 이미 말씀드렸습니다."라며 필사적으로 반론했다. 하지만 상사는 자신은 그런 말을 들은 적 없다며 고집을 피운다. '말했다, 못 들었다' 식의 논쟁이 잠시 이어졌지만 결국 부하인 영업 사원이 사과할 수밖에 없었다.

  아마 영업 사원은 무척 억울할 것이다. 나는 분명히 말했는데 사람 말을 제대로 듣지 않는 상사가 문제라고 말하고 싶었을 것이다. 분명히 영업 사원은 상사에게 집수리에 관해 보고했다. 하지만 상사가 알아듣지 못 한 것 또한 사실이다. 누구의 잘못일까?

  모든 커뮤니케이션의 목적은 '전달'이다. 말하는 사람이 어떻게, 얼마나 정확하게 전달했느냐가 먼저다. 영업 사원의 보고에도 사장이 별다른 말이 없었다면 수리하기 전 다시 한 번 정확히 상황을 보고하고 확인했어야 했다.

  나는 분명 말했으니 상대에게 당연히 전달되었을 거라 생각하면 전혀 예상하지 못한 상황이 벌어질 수 있다. 말했으니 들었을 것이고 기억할 것이라는 것은 나 혼자만의 생각이다. 사람의 기억력이란 생각보다 믿을 것이 못 된다.

손가락 이론

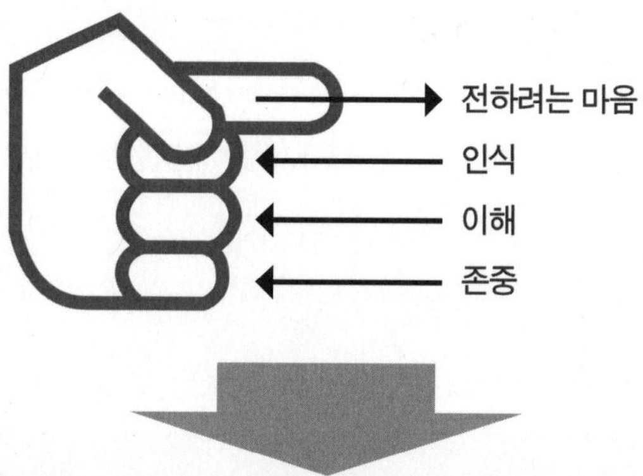

인식하고, 이해하고, 존중하라

앞서 말한 사례의 경우 대개는 '제대로 이야기를 듣지 않은 쪽이 나쁘다'며 사장을 탓한다. 하지만 이는 지극히 일방통행식 커뮤니케이션의 태도다.

일방통행식 커뮤니케이션은 마치 둘째손가락으로 상대를 가리키면서 이야기하는 모양과 같다. 둘째손가락은 분명히 상대를 향하고 있지만 나머지 손가락은 말하는 사람 자신을 가리키고 있다.

즉, 본인은 상대를 향해 말한다고 생각하지만 사실은 나머지 손가락만큼 충분히 전달되지 못하는 것이다. 가운데 손가락부터 새끼손가락까지는 각각 '인식, 이해, 존중'을 나타낸다.

상대에게 자신의 뜻을 제대로 전하려면 일방적으로 상대를 가리키기만 해서는 안 된다.

자신과 상대가 전혀 다른 존재라는 사실을 '인식' 하고,
상대의 상황을 '이해' 하고 받아들인 다음,
의견이 다르다고 해도 인간으로서 '존중' 해야 한다.

나머지 세 손가락도 상대방을 향하는 커뮤니케이션의 과정이 필요하다. 앞의 사례로 말하자면 영업 사원은 자신과 상사가 서로 처지와 입장이 다르다는 전제 아래, 상사가 어떤 상황인지 먼저 확인했어야 했다. 그랬다면 말했다, 못 들었다 식의 소모적인 논쟁은 피할 수 있었을 것이다.

만일 영업 사원이 보고했을 당시, 상사가 집중해서 들을 수 없는 상황이었다면 어떨까? 중요한 문제가 발생했거나 외출하려고 서두르는 상황에서 보고를 받았다면 상사는 한쪽 귀로 듣고 다른 한쪽 귀로 흘려보냈을 수도 있다.

만약 상사에게 당신의 말이 전달되지 않는다면
그 이유를 '자신'에게서 찾아라.
그런 인식의 변화가 당신의 화법을 크게 변화시킬 수 있다.

상사는 그 사원 말고도 수많은 부하 직원을 거느리고 있다. 또한 매일 쌓이는 보고서에 시달리기 일쑤다. 이런 상사의 입장을 헤아렸다면 좀 더 차분하게 대화할 수 있는 시간에 보고하는 편이 좋았을 것이다. 또는 메모나 문서를 첨부해서 상사가 나중에 확인할 수 있도록 하는 배려가 필요했다.

‘상대’와 ‘듣는 사람’을 구별하라

‘영업 멘트는 완벽했는데 왜 좀처럼 제품이 팔리지 않을까?
이것은 영업 사원이나 판매 사원의 일상적인 고민이다.
이들에게는 공통의 문제점이 있다.

그것은 ‘상대’와 ‘듣는 사람’을
구별하지 않았다는 점이다.

아침 출근 시간, 전철 안은 승객이 너무 많아 옴짝달싹 못할 정도다. 당신은 어느 새 승객들에게 떠밀려 차량 구석까지 밀려났다. 내릴 역은 점점 가까워지는데 출입문 쪽으로 나아갈 수가 없다. 그러던 중 플랫폼에 도착한 전철의 문이 열렸다. 이때 당신은 어떻게 할 것인가?

어떤 사람은 말없이 몸으로 주변 사람들을 밀치면서 무리하게 내리려고 할 것이다. 하지만 그러다가는 다른 승객들에게 폐를 끼치고 자칫 위험한 상황을 초래할 수 있다.

이때 가장 좋은 방법은 먼저 "잠깐만요, 내립니다!" 하고 주변에 양해를 구하는 것이다. 그 말을 들은 사람들은 자연스레 공간을 비켜줄 것이고, 당신 역시 무사히 목적지에 내릴 수 있다.

**기억하라, 상대에게 말을 건 순간에야
비로소 그는 '내 말을 들어주는 사람' 이 된다.**

먼저 '상대'를 '듣는 사람'으로 변화시키는 것, 이것이야말로 대화법의 대원칙이다.

가령, 사무실 동료에게 보고서 작성을 부탁한다고 하자.

"아무나 좋으니 이것 좀 정리해주세요."

이런 식으로 특정 인물을 지명하지 않고 그냥 이야기하면 아무도 나서지 않을 것이다. 나에게 부탁했다고 생각하지 않는 이상 그들은 아직 '상대'에 지나지 않으므로 당신의 뜻은 전달되지 않는다.

"○○ 대리, 보고서 작성 좀 부탁합니다."

　이처럼 상대를 지정해 말하면 비로소 그는 '듣는 사람'이 되고 당신의 뜻에 따라 움직여준다. '상대'와 '듣는 사람'은 전혀 다른 존재다. 우리는 이 사실을 너무나 당연하게 받아들이기 때문에 제대로 인식하지 못하는 것이다. '상대'와 '듣는 사람', 이 둘을 구별하고 행동해야 당신의 이야기는 전달될 수 있다.

작은 배려가 마음을 움직인다

'Attention Please.'

안내 방송이나 모임에서 흔히 듣는 표현이다. 이 말을 들을 때 당신은 어떤 생각이 드는가?

'아, 이제 무슨 말을 하려나 보다.' 하고 그쪽을 향해 신경을 집중하게 될 것이다. 이처럼 주의를 환기시켜 상대방이 들을 수 있는 환경을 마련하는 일, 당신의 이야기를 전달하려면 이런 작은 수고가 필요하다.

내가 이야기할 준비가 되었다고 해서 상대 역시 들을 준비가 되었다고 당연하게 생각하는 것은 굉장히 무책임하고 위험하다. 작은 수고란 결국 배려다. 커뮤니케이션에서 내 이야기를 '전달'하기 위해 전제되어야 하는 중요한 스킬이다.

어느 고급 호텔의 뷔페 식당에 갔을 때의 이야기다. 샐러드 코너에서 방울토마토를 접시에 담다 보니 있어야 할 것이 없었다. 꼭지가 모두 깔끔하게 떼어져 있었던 것이다. 그러고 보면 방울토마토의 꼭지는 하나하나 떼고 먹어야 해서 꽤 귀찮다. 준비한 음식을 쉽게 먹을 수 있도록 고객을 배려한 이 서비스에 감동한 나는 그 뒤로 단골이 되었다.

일본식 전통 여관에서도 비슷한 일이 있었다. 체크아웃을 마치고 현관에 준비된 신발을 신으려는데 구두 안쪽이 따뜻했다. 추운 날씨에 고객이 최대한 한기를 느끼지 않도록 하려는 여관 측의 세심한 배려였다. 이 여관 역시 내 단골집이 되었다.

이처럼 아주 사소한 배려 하나가 상대의 관심을 끌고 마음을 움직이게 만든다. 하물며 커뮤니케이션에서는 어떨까. 상대가 아무리 유창하게 이야기한다고 해도 진심이 담겨 있지 않다고 느껴지면 마음은 절대로 움직이지 않는다.

때론 화려한 스킬보다 진심이 담긴 배려 하나가 더 큰 힘을 발휘한다. 상대의 마음을 얻어야 하는 비즈니스 대화법을 공부 중인 사람이라면 깊이 생각해봐야 하는 대목이다.

어떻게 '듣는 사람'으로 바꿀까?

가전 매장에서 믹서기를 판매하는 직원의 사례를 들어보자. 그는 지나가던 고객을 붙잡고 믹서기에 대해 열심히 설명한다.

"단단한 채소도 잘 갈립니다."

"세척이 무척 간편합니다."

"소음이 적어 조용합니다."

아무리 제품의 기능이 뛰어나다고 설명해도, 믹서기에 별 관심이 없는 고객은 그의 말이 귀에 들어올 리 없다. 그때까지 고객은 그저 직원의 대화 '상대'에 불과하다.

이런 식으로 대화를 이어가면 어떨까?

"요즘 건강에 관심들 많으신데요, 신경 좀 쓰신다는 분들은 채소나 과일을 통째로 갈아 드신답니다. 비타민과 섬유질을 풍부하게 섭취할 수 있어서 노화 방지와 다이어트에 그만이거든요."

건강에 관심이 있는 고객이라면 '그런가? 좀 더 알고 싶다'는 생각이 들 것이다. 바로 그 순간부터 고객은 '상대'가 아니라 '듣는 사람'이 되어 직원의 말에 귀를 기울이게 된다.

일방적으로 내뱉는 말은 소음에 불과하다.
상대가 흥미를 가질 만한 요소를 찾아내 대화를 이끌어라.
그 작은 수고가 그를 '들어주는 사람'으로 변화시킨다.

그렇다면 효과적인 작은 수고에는 어떤 것들이 있을까? 그것은 대화 상대나 상황에 따라 다르다. 상대가 무엇에 관심이 있는지, 무엇에 흥미를 느끼는지 꾸준히 생각하고 연구해야 한다. 평소 주변 사람에 대해 관심이 적은 편이었다면 지금부터라도 그들에게 관심을 기울여 보자. 말을 잘하는 사람은 평소부터 이런 수고를 게을리하지 않는 법이다.

대화 울렁증, 자의식 과잉이 문제다

연수나 강연회에서 만난 수강자들 중에는 울렁증을 호소하는 사람이 많다. 그 때문에 남 앞에서 이야기하거나 상사와 대화할 때도 긴장해서 제대로 말을 할 수가 없다는 것이다.

그들의 심정은 충분히 이해한다. 필자도 이 일을 하기 전까지는 극심한 울렁증에 시달렸고, 지금도 사람들 앞에 서면 너무 긴장한 나머지 당황할 때가 적지 않다.

정도의 차이는 있겠지만 대부분의 사람들은 울렁증을 경험한다. 그럼에도 어떤 사람은 말을 잘하고, 누군가는 그렇지 못하다. 왜일까? 그 이유는 울렁증이 있다고 해서 반드시 말을 못하는 것이 아니기 때문이다. 아주 심한 울렁증이 있지만 대중 앞에서 뛰어난 말솜씨를 자랑하는 사람도 적지 않다. 말을 잘하고 못하고의 차이는 울렁증을 얼마나 바르게 인식하고 해결책을 찾느냐의 여부에 달려 있다. 울렁증에 대한 바른 인식은 크게 두 가지로 설명할 수 있다.

첫째, 울렁증은 긍정적인 신호다.

긴장해서 가슴이 뛰거나 몸이 떨리는 현상은 '말을 잘하고 싶다', '대화를 성공시키고 싶다'는 열망의 발현이다. 유창하게 말하는 자신의 모습을 갈망하기 때문에 실패했을 때가 두려워 울렁증을 느끼는 것이다. 만약 대화를 할 때 긴장해서 가슴이 뛴다면 자신 안의 긍정적인 에너지도 함께 상승하고 있다고 생각하자.

둘째, 자기 생각만큼 타인의 눈에는 긴장한 듯 보이지 않는다.

예를 들어 눈이 작다거나 주근깨가 많다거나 본인은 콤플렉스로 심각하게 고민하지만 타인이 보기에는 별것 아닌 것들이 많다. 대화할 때에도 마찬가지다. 남들은 당신의 마음이 어떤 상태인지 그다지 신경 쓰지 않는다. 즉, 울렁증은 지나친 자의식으로 인해 스스로 긴장하고 있다고 느끼는 현상일 뿐이다.

연수나 세미나에서는 수강생의 스피치 장면을 동영상으로 촬영해다 함께 모니터링 한다. 자신이 말하는 태도나 화법을 객관적으로 확인하기 위해서다.

수강생들은 자신의 영상을 보면서 '생각보다 떠는 것처럼 보이지 않는다'고 느끼는 경우가 많다. 타인의 시선에서 보면 자신의 울렁증 정도가 심하지 않다는 사실을 확인할 수 있는 것이다. 울렁증이 있다고 고민하는 것은 결국 혼자만의 걱정일 뿐일지도 모른다.

**말을 잘하는 사람은 대화 울렁증의
특성을 정확히 인식하고
자신에게 가장 알맞은 해결책을 찾는다.**

사람마다 다르겠지만 울렁증을 이겨내는 방법은 다양하다. 가령, 복식호흡, 이야기 중간 중간에 적당히 간격 두기, 대화하는 상대와 눈 맞추기 등이 있다. 처음부터 자신에게 가장 맞는 방법을 찾기란 어렵다. 꾸준한 노력으로 대화 울렁증을 이겨내자.

울렁증일수록 말을 더 잘할 수 있다

대화 울렁증 때문에 직장생활이나 인간관계에 어려움을 토로하는 사람들이 적지 않다. 하지만 그들 중에는 적극적으로 대화 울렁증을 극복하는 사람이 있는가 하면, 언제까지나 울렁증 탓만 하고 이겨내지 못하는 사람도 있다. 그들은 가벼운 요령으로 매 순간 그 자리를 모면하려고 한다.

그 순간은 피할 수 있겠지만 대화 울렁증에 대한 인식이 근본적으로 바뀌지 않는 이상 효과는 오래 가지 못 할 것이다. 울렁증은 말을 못하는 변명거리가 될 수 없다. 현실을 회피하는 것은 문제를 해결하는 가장 나쁜 방식이다.

**울렁증이라는 핑계를 대고 도망치기만 하면
당신이 하고 싶은 이야기는 상대에게
영원히 전달되지 못할 것이다.**

울렁증이 있다는 것은 말을 더 잘하고 싶다는 의욕과 열정의 증거다. 따라서 울렁증에 시달리는 사람일수록 말을 잘할 수 있는 소질을 갖추고 있는 셈이다.

대화의 순간, 또다시 마음속에 긴장이 찾아온다면 절대로 움츠러들지 마라. 스스로의 긴장을 의식적으로 느끼는 순간 그것에 빠르게 잠식 당할 것이다. 보다 큰 자신감을 갖고 울렁증을 잘 다스려보자.

Part 2의 키워드는 'Purpose' 이다.

성과를 요구하는 직업을 가진 사람의 대화에 '목적' 이

명확하지 않으면 실적은 오르지 않는다.

업무 상의 커뮤니케이션에서도 '목적'을 명확히 의식해야 한다.

자신이 왜 말을 잘하려고 하는지, 대화의 목적이 무엇이며

상대로부터 무엇을 이끌어내야 하는지 불확실한 상태에서의

커뮤니케이션에서 성공은 기대할 수 없다. 단순히 원활한 대화,

유창한 스피치, 활기찬 커뮤니케이션 자체가 목적일 수는 없다.

말 잘하는 법을 익혀서 달성하고자 하는 당신의 '목적' 이

무엇인지 다시 한 번 생각해보자. 목적이 분명하면 목표까지

최단 거리로 도달할 수 있다.

PART 2

Purpose

목적 갖기

당신의 말하기에는 목적이 있는가?

왜 말하는 법을 배우는가?

여기서 잠깐, 당신은 왜 말을 잘하고 싶은가? 사람마다 다양한 이유가 있겠지만 아마도 머릿속에 이런 생각이 들 것이다.

'상사나 부하 직원, 거래처와 원만하게 커뮤니케이션을 해서 좋은 평판을 얻고 싶다.'

'고객을 잘 설득해 계약을 성사시키고 실적도 올리고 싶다.'

'프레젠테이션을 잘해서 기획안을 통과시키고 회사 내에서 실력을 인정받고 싶다.'

그렇다.

커뮤니케이션에는 반드시 '목적'이 있다.

하지만 사람들은 종종 그것을 잊는다.

일반적으로 말 잘하는 사람이라고 하면 '물 흐르듯 유창하게 말한다.', '유머러스하고 달변이다.', '침착하고 논리적이다.'와 같은 고정관념이 있다.

하지만 논리적으로 유창하게 말을 잘하고 유머가 넘쳐도 커뮤니케이션의 '목적'을 달성하지 못한다면 아무런 소용이 없다. 영업 사원이 아무리 고객과 매끄럽게 대화를 하더라도 계약을 성사시키지 못하면 실적이 오르지 않는다. 다양한 자료를 이용해 논리적으로 프레젠테이션을 해도 상사의 결재가 나지 않는다면 헛수고다.

특히 성과를 내야 하는 직업을 가진 사람의 대화에 '목적'이 명확하지 않으면 실적이 오르지 않는다. 업무 상의 커뮤니케이션에서는 항상 '목적'을 의식해야 한다.

원활한 대화, 유창한 스피치, 활기찬 커뮤니케이션 자체가 목적일 수는 없다. 말을 잘 해야겠다는 생각이 들거든 우선 당신이 이 대화를 통해 달성하고자 하는 '목적'이 무엇인지 다시 한 번 생각해보자.

커뮤니케이션의 세 가지 목적

그렇다면 커뮤니케이션의 목적은 무엇일까? 저마다 다양한 목적이 있겠지만 크게 세 가지로 요약할 수 있다.

첫째, 좋은 인간관계를 구축하기 위해서
둘째, 정보를 정확하게 전달하기 위해서
셋째, 상대의 행동을 유도하기 위해서

우선, 좋은 인간관계를 구축한다는 것은 직장에서 상사나 부하 직원과 원활한 관계를 맺고, 비즈니스 현장에서 고객에게 좋은 인상을 주는 일이다. 그러기 위해서는 우선 상대에 대해 잘 알아야 한다. 즉 '이해력'이 필요하다.

그 다음으로 정보를 정확하게 전달하려면 상대를 이해시켜야 한다. 상사에게 적절한 시기에 보고하고 의논하거나, 고객이 알기 쉽도록 설명할 수 있어야 한다. 이 목적을 달성하려면 정확히 설명하고 표현하는 '전달력'이 중요하다.

마지막으로 상대의 행동을 유도하는 것은 사람을 움직이는 일이다. 상대를 설득해서 협력하게 만들고, 협상을 해서 계약을 성사시키고, 충고를 통해 상대의 행위를 적절한 방향으로 이끌어가는 일이다. 이를 위해서는 상대를 설득하는 '움직이는 힘'이 요구된다.

정리해보자.

커뮤니케이션의 세 가지 목적을 달성하기 위해서는 각각 다음과 같은 능력이 필요하다.

좋은 인간관계를 구축하기 위한 '이해력'
정보를 정확하게 전달하기 위한 '전달력'
상대의 행동을 유도하기 위한 '움직이는 힘'

목적이 분명하면 목표까지 최단 거리로 도달할 수 있다. 막연히 '말을 좀 더 잘했으면 좋겠다'고 바란다면 먼 길을 돌아 헤매다가 '말 잘하는 사람은 타고 난다', '나는 말을 잘 못해서 어쩔 수 없다'며 좌절할 것이다. 당신이 말공부를 하는 목적은 무엇인가? 그것부터 명확히 하자. 이것이 말을 잘하게 되는 첫걸음이다.

커뮤니케이션의 세 가지 목적

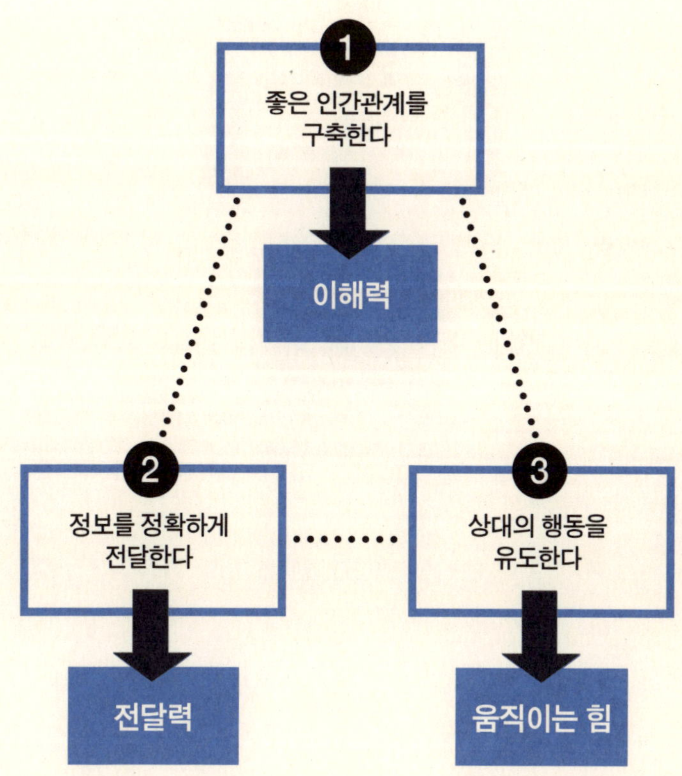

듣지 않으면 상대의 관심을 알 수 없다

영업 사원 A씨는 고객과의 대화라면 누구보다 자신이 있었다. 처음 만나는 사람과도 낯을 가리지 않고 말할 수 있고, 아는 것도 많고, 화젯거리도 풍부해서 대화가 끊기는 일도 없었다. 그런 그인지라 영업 실적이 좋을 법한데 의외로 시원치 않아 고민이었다. 나는 A와 이야기하다 보니 그 이유를 알 수 있었다.

내가 지나는 말로 "여기 오는 길에 괜찮아 보이는 라면 가게가 있던데……"라고 이야기를 시작하자 A가 아는 척을 하기 시작했다.

"아, 거기요? 이 근방에서는 꽤 유명하죠. 점심시간에는 줄 서서 기다리는 사람까지 있을 정도랍니다. 하지만 간이 좀 센 편이라 저는 별로입니다."

사실 나는 아까 그 집에서 라면을 먹었는데 꽤 맛있었다는 이야기를 할 참이었다. 하지만 그가 맛이 별로라고 말하는 바람에 "아, 그렇군요." 하고 얼버무릴 수밖에 없었다.

그와 이야기하고 있으면 확실히 대화가 끊이지 않았고 말도 재미있게 해서 유쾌했다. 하지만 종종 상대방의 이야기를 가로채는 듯한 일방통행식 말투가 거슬려 계속해서 대화를 나누고 싶지는 않았다.

언변이 아무리 뛰어나도 원만한 인간관계 구축이라는 '목적'을 달성하지 못한다면 그저 '말만 잘하는 영업사원'일 뿐이다. 업무 성과가 오르지 않는 것 역시 당연하다.

상대의 이야기를 듣지 않는다는 것은
그가 원하는 것을 알아챌 기회를 놓치는 일이다.
말을 잘하고 싶다면 '듣기'부터 시작하자.

상대의 이야기를 잘 들으면 그가 어떤 일에 관심이 있고 무엇을 소중히 여기는지 알 수 있다. 그의 가치관을 파악해야 상대가 흥미를 느낄 만한 주제를 꺼내거나 제안을 할 수 있다. A처럼 말을 가로챈다면 불가능한 일이다. 상대방이 '이 사람과는 별로 오래 이야기하고 싶지 않다'고 느낀다면 비즈니스 성과는 결코 기대할 수 없다.

커뮤니케이션에 활력을 주는 것들

말을 잘한다는 것은 직장생활을 하는 데 분명 큰 이점이다. 그래서 수많은 이들이 말공부에 시간을 투자하는 것이리라. 일이 잘 풀리는 것은 물론이고 좋은 인간관계를 구축하는 데 말만큼 도움이 되는 것도 없다. 그렇다면 커뮤니케이션에 활력을 주는 것에는 어떤 것들이 있을까?

그것은 바로

쌍방향성, 대면성, 수평성이다.

이 세 가지 조건이 모두 갖추어질 때 비로소 커뮤니케이션이 활성화되어 원만한 인간관계를 쌓을 수 있다.

일본에서는 한때 '경찰관의 한 마디'가 화제가 되었다. 2013년 일본의 월드컵 출장이 결정되던 날 밤, 수많은 서포터들이 도심 한복판으로 몰려나와 행진하기 시작했다. 안전통행을 위해 그들 앞에 선 한 경찰관이 확성기에 대고 다음과 같이 호소했다.

"오늘같이 좋은 날, 화내고 싶은 분은 아무도 안 계시지요? 여러분, 우리는 한 팀입니다. 부디 여러분의 동료가 하는 말을 들어주십시오."

"여러분은 우리나라를 대표하는 12번째 선수입니다. 국가대표팀이 오늘 보여준 것처럼 멋진 팀워크를 발휘해주세요. 앞 사람을 밀지 말고 천천히 행진해주세요. 한 명이라도 다친다면 월드컵 진출의 기쁨도 물거품이 되고 맙니다.”

“옆에서 안내봉을 휘두르는 그 무뚝뚝한 순경 아저씨는 결코 여러 분이 미워서 그러는 게 아닙니다. 속으로는 지금 누구보다 신이 나 있을 겁니다.”

그때까지 통행규제를 하던 경찰관들은 대개 고압적인 태도로 지시를 따르라는 인상이 강했다. 하지만 이 경찰관의 한마디는 그때까지의 이미지를 단숨에 바꾸어놓았다.

그렇다면 쌍방향성, 대면성, 수평성이란 무엇일까?

대중의 마음을 움직일 수 있었던 이유

이 경찰관의 이야기는 커뮤니케이션 활성을 위한 세 가지 조건을 모두 갖추고 있다. 가장 중요한 것은 '쌍방향성'이다. '쌍방향성'이란 자신과 상대, 말하는 사람과 듣는 사람이 서로 대화를 주고받는 상태를 뜻한다.

경찰관은 서포터들과 직접 대화하지 않았다.
하지만 그의 말은 분명히
그들을 향하고 있었다.

'위험하니까 멈추지 말고 걸어가라'고 일방적으로 지시하고 반복적으로 명령하는 스타일이 아니었다. 그 결과 서포터들은 경찰관에게 마음을 열었고, 그의 지시에 잘 따라준 것이다.

다음으로 '대면성'이다. 커뮤니케이션은 지금, 여기에 상대라는 '거울'이 있어야 성립한다. 이메일을 통한 의사소통보다 얼굴을 맞대고 이야기하는 편이 훨씬 더 친근하게 느껴지는 이유는 이 대면성이 효과를 발휘하기 때문이다.

경찰관은 행진하는 서포터들의 얼굴을 보면서 말을 걸었다. 만일 모습이 보이지 않고 방송만 흘러나왔다면 대중을 그 정도까지 감동시키지 못했을 것이다.

마지막으로 '수평성'이다. 사장님과 평사원, 상사와 부하처럼 처지와 시각에 차이가 있을수록 커뮤니케이션은 일방적이 되기 쉽다. 같은 눈높이에서 대등하게 이야기한다면 상대방은 친근감을 느끼게 되므로 커뮤니케이션을 활성화할 수 있다.

경찰관은 서포터들에게 호소할 때 '우리는 한 팀'이라며 '우리'라는 표현을 사용해 대등하다는 사실을 암묵적으로 호소했다. 그 결과 양측의 거리는 훨씬 더 가까워질 수 있었다.

결국 경찰관은 커뮤니케이션 활성의 세 가지 조건을 모두 갖춘 대화법을 사용함으로써 일시적이나마 서포터들과 원만한 인간관계를 구축하고 안전하게 통행을 유도할 수 있었던 것이다.

업무 현장의 인간관계도 마찬가지다. 상대가 친근감을 느낄 수 있도록 대화할 수 있다면 비즈니스 성과를 올리기 위한 기반을 마련할 수 있다.

보고를 게을리 하면 신뢰를 잃는다

비즈니스 현장에서 정확한 정보 전달이 요구되는 대표적인 경우는 '보고'다. 보고가 불충분한 탓에 애써 쌓은 인간관계가 무너지고 한순간에 신뢰를 잃기까지 한다.

영업 사원 B씨는 담당 고객으로부터 지인을 소개받았다. 그는 고객의 지인을 만나 성공적으로 계약을 성사시켰지만 그 사실을 따로 원래 고객에게 알리지 않았다.

나중에야 친구에게서 계약했다는 소리를 전해 들은 고객은 떨떠름

한 기분에 영업 사원을 멀리하게 되었다. 그는 자신이 친구를 소개해 준만큼 계약에 대해 영업 사원이 먼저 한 마디쯤 해주었어야 한다고 생각했다.

하물며 회사에서의 보고는 더더욱 중요하다. 상사와 부하 직원의 관계에서 보고하는 과정은 상당히 중요한 접점이다. 보고를 소홀히 하면 인간관계가 삐걱대기 시작하고 업무 진행이나 성과에도 지장을 초래할 수 있다.

시시콜콜 모든 것을 보고할 필요는 없지만 반드시 해야 할 보고가 있다면 제때 적절한 타이밍을 맞춰 잘 하도록 하자. 필요한 보고를 받음으로써 상대는 자신이 존중받고 있음을 느끼게 될 것이다. 부지런한 사람이 보고도 잘한다는 사실, 꼭 기억하자.

지나친 보고도 문제다

제때 보고를 하지 않는 것도 문제지만 보고가 너무 지나쳐도 문제다. 성실한 사람일수록 이런 함정에 빠지기 쉽다. 보고의 중요성을 이해하고 정확히 전달해야 한다는 강박관념에 사로잡혀 알고 있는 사실을 하나부터 열까지 모두 전하려고 애쓰기 때문이다.

예를 들어 거래처로부터 제품 불량의 클레임 메일이 도착했을 때 '몇 월 몇 일 거래처 A로부터 무슨 제품에 대해 몇 건의 발주가 있었고……'라는 식으로 사건의 배경부터 시작해서 모든 것을 상사에게 보고하는 사람이 있다.

하지만 상사라면 어느 정도 상황은 파악하고 있을 터이다. 적어도 거래처에서 발주를 받았다는 사실 정도는 알고 있다. 이처럼 지나친 보고로 대처가 늦어진다면 더 큰 문제를 초래할 수 있다.

**보고를 잘하는 사람은
상대가 10개 중 6개를 알고 있다면
6개까지는 생략하고 바로 7번째부터 시작한다.**

하나부터 열까지 전달하려는 보고는 스피드가 생명인 비즈니스 현장에서는 치명타가 될 수 있다. 보고하고자 하는 상황에 대해 상사가 어디까지 알고 있는지부터 파악하자. 그 후 무엇을 말해야 할지, 상대가 어떤 것을 알고 싶어 할지 판단하는 것은 아주 중요한 보고의 기술이다.

약간 부족한 듯 보고하라

보고에서는 상대가 원하는 정보를 정확히 전달하는 것이 가장 중요하다. 극단적으로 말하자면 상대가 필요로 하는 정보 외에는 전하지 않아도 된다. 지나침은 모자람만 못하다. 약간은 부족한 보고가 가장 좋다. 영어 'want'는 원한다는 뜻이지만 수동형 'be wanted of'가 되면 부족하다는 의미다.

**약간 부족한 듯한 보고는
듣는 사람의 주의를 집중시켜
더 효과적으로 상대에게 전달할 수 있다.**

가령 '거래처에서 제품 불량으로 클레임 메일이 도착했다'고만 보고해도 상사는 긴급 사태라는 점을 이해할 것이다. 동시에 자신에게 필요한 정보를 얻기 위해 곧장 질문을 던질 것이다.

'무슨 제품에 불량이 났는가?'
'어느 정도의 수량인가?'
'교환할 재고는 있는가?'
'어떻게 대응할 것인가?'
'원인은 무엇인가?'

보고의 기술은 비즈니스에서 반드시 익혀야 할 능력이다. 그 핵심은 짧은 시간에 얼마나 정확하게 전달하느냐다. 서투른 보고는 상사를 짜증나게 한다.

또한 당황한 부하직원은 같은 소리를 몇 번이고 되풀이하게 된다. 참다 못 한 상사는 결국 좀 더 알기 쉽게 설명할 수 없냐며 폭발할 것이다. 잘못된 보고의 악순환을 끊으려면 정보를 제대로 '전달하는 힘'을 키워야 한다.

정답에 집착하지 마라

프레젠테이션과 스피치에 강한 사람이라고 하면 누가 떠오르는가? 다들 자신이 높게 평가하는 스피치 고수가 있을 것이다. 그 고수의 기법을 흉내 내는 것도 좋지만 그 이미지에 너무 집착할 필요는 없다. 서로 이야기를 나누어 보면 인물의 됨됨이나 업무 방식을 짐작할 수 있다. 말하는 법에서 그 사람의 개성이 드러나기 때문이다.

따라서 프레젠테이션과 스피치 방법도

제각기 다른 것이 당연하다.
'따라 하는 것'은 정답이 될 수 없다.

말을 잘하는 것에 정답은 존재하지 않는다.

그럼에도 대부분의 사람들은 정답에 집착한다. 즉, 아나운서처럼 완벽한 말하기를 추구하면서 다음과 같은 강박관념에 사로잡힌다.

'말문이 막히면 안 돼.'
'더듬으면 큰일이야.'
'떨지 말고 침착해야 해.'

실제로 완벽한 말하기란 불가능하다. 또한 누군가와 똑같이 말한다고 해서 그 사람처럼 인간관계가 좋아지고 비즈니스 성과가 오르리라는 보장도 없다. 보편적인 정답에 집착하면 자꾸 자신을 다그치게 되고 기준에 맞지 않는 자신의 말하기에 불만만 커진다.

지금보다 자신감 있게 말을 잘하고 싶은가? 사람들 앞에서 당신이 원하는 것을 효과적으로 전달하고 싶은가? 모두 나의 말에 집중하고 설득당하기를 기대하는가? 그렇다면 말하기에 대해 자신이 갖고 있는 고정관념부터 버려라.

청중을 위해 약간의 틈을 두라

프레젠테이션과 스피치를 잘하는 비결 중 하나는 '약간 더듬거리는 것'이다. 언뜻 듣기엔 이해가 가지 않을 수도 있다. 유창하게 말해도 모자랄 판에 말을 더듬으라니, 어불성설이라고 생각할 수도 있겠다.

가령, 이런 경우를 상상해보자. 당신은 물 흐르듯 막힘없는 프레젠테이션이나 스피치를 들은 경험이 한 번쯤 있을 것이다. 그때 의외로 집중하기 어렵고 내용도 머릿속에 잘 들어오지 않지 않았는가?

유창하게 이어지기만 하는 스피치는 자칫 상대의 반응이나 분위기를 고려하지 않은 채 자기 말만 한다는 인상을 줄 수 있다. 말하는 도중 갑자기 침묵 한다거나 머뭇거리는 제스처는 상대의 주의력을 환기시키는 데 대단히 효과적이다.

또한 가끔씩 말을 더듬거리는 것은 오히려 듣는 사람을 안심시키고 친근감을 느끼게 한다. 말하는 도중 잠시 침묵이 생기거나 말을 더듬는다고 해서 반감을 가질 사람은 거의 없다.

물론 프레젠테이션 중에 일부러 말을 더듬거나 머뭇거리기는 쉽지 않다. 다만 듣는 사람을 의식하지 않고 일방적으로 말하는 태도는 피해야 한다.

대화 중 말문이 막히거나 머뭇거렸는가?
실수했다고 당황하지 말고
청중을 위해 '틈을 만들어 주었다'고 생각하자.

틈이 생기면 상대가 질문하기도 쉽다. 질문이 많다는 것은 상대가 그만큼 당신의 이야기에 관심을 갖고 있다는 증거다. 어떤 질문도 의견도 없는 프레젠테이션은 그야 말로 실패작이다.

질문을 통해 당신은 상대가 원하고 소중하게 생각하는 가치관을 알아낼 수 있다. 그 결과 상대를 움직일 수 있는 가능성은 훨씬 높아진다.

설득에 필요한 세 가지 요소

누군가를 행동하게 하고 싶은가? 그렇다면 설득에 성공해야 한다. 설득당하지 않은 상대가 내 이야기에 움직여주기를 바라는 것은 아무런 노력도 하지 않은 채 보상을 바라는 것과 같다. 프레젠테이션이 완벽하고 정보도 충분히 전달되어도, 발표자를 자신과 잘 맞지 않는다고 느끼는 상대라면 설득하기 쉽지 않다.

이렇듯 상대를 행동하게 만들려면 먼저 설득을 시켜야 하는데, 그를 위해서는 아래와 같은 세 가지 요소가 필요하다.

첫째, 좋은 인간관계를 구축해 상대를 이해해야 한다. 이는 정보를 전달하기 이전에 상대와의 신뢰를 쌓는 일이다. 이런 바탕이 다져져야 비로소 상대를 움직일 수 있다.

둘째, 정보를 정확하게 전달해야 한다. 커뮤니케이션의 목적인 '인간관계 구축'과 '정확한 정보 전달'은 이렇듯 상대를 설득하는 데 필수적인 요소다. 말하는 사람은 상대가 자신의 의도를 정확히 이해할 수 있도록 만들어야 한다.

마지막으로 상대의 행동을 유도해야 한다. 첫 번째와 두 번째 요소가 충족된 상태라면 상대는 자연스럽게 움직일 것이다.

지금까지 효과적으로 내 이야기를 전달하는 법과 이야기에 목적을 가져야 하는 이유에 대해 알아봤다. Part 3에서는 보다 구체적으로 15가지 유형을 보여주며 잘못된 대화법에 대해 알아볼 것이다.

각 상황별 커뮤니케이션의 목적에 따라 대화법으로 성과를 올리는 비결을 머릿속으로 생각하며 읽어보자.

Part 3에서는 구체적인 사례를 들어 상대에게

당신의 이야기를 전하기 위한 핵심 기술을 설명한다.

주인공은 입사 5년 차 영업 사원인 마에다.

제과메이커 일을 하는 그는 의욕은 넘치지만 실적이 좀체

오르지 않아 고민이다. 주변에서는 그를 두고 '눈치가 없다' 거나

'4차원' 이라고 평가하는데 커뮤니케이션까지 서툴러

업무에서 실수가 잦고 인간관계도 삐걱거리고 있다.

그의 모습을 통해 당신은 의사소통을 단절하고 상대를 불쾌하거나

지루하게 만드는 대화의 유형을 간접적으로 경험할 수 있다.

만약 당신이 마에다와 같은 상황에 처한다면 어떻게 대처할지

생각하면서 사례들을 살펴보자.

PART 3

communication skill
기술 익히기

상대를 멀어지게 만드는 대화의 유형

"창밖에 날씨가 정말 좋네요."
"네, 오늘 제가 소개할 상품부터 보시죠."

'좋아, 오늘은 기필코 납품 계약을 따내고야 말겠어!'

마에다는 기합을 넣으며 사무실을 나왔다. 오늘은 유명 백화점에 신제품을 홍보하고 납품 계약을 성사시키기 위한 미팅이 있는 날이다. 마에다가 상담실로 안내를 받아 기다리고 있는데 담당자가 도착했다.

"처음 뵙겠습니다, 마에다라고 합니다. 바쁘신 중에 시간 내주셔서 감사합니다."

명함 교환을 마치자마자 마에다는 곧장 입을 열었다.

"오늘은 저희 회사의 신제품 쿠키를 부디 귀사에서 취급해주셨으면 해서 이렇게 찾아뵙게 되었습니다. 이 쿠키로 말씀 드리자면…….."

"아, 그 전에 마에다 씨는 입사한 지 얼마나 되었지요?"

"올해로 5년 되었습니다. 저, 그런데 이 쿠키 말씀인데요."

"5년째군요. 지금 부서에서는 주로 어떤 상품을 담당하시나요?"

"네, 지금은 쿠키와 케이크를 관리하고 있습니다. 죄송하지만 쿠키에 대해 조금만 더 말씀드릴 수 있을까요?"

"잠깐만요, 케이크도 담당하시나요? 잘됐네요. 저희는 케이크에도 관심이 있거든요."

"그러십니까. 저, 케이크는 다음에 소개해드릴 테니 오늘은 쿠키 이야기를 좀 들어주셨으면 좋겠습니다."

"아…… 네, 그러지요. 계속 하세요."

백화점 담당자는 순간 난처한 표정을 지었지만 마에다는 개의치 않고 말을 이어갔다.

"이 쿠키의 최대 장점은 설탕을 전혀 사용하지 않는 제조공법에 있습니다, 그리고……."

한 시간 뒤.

콧노래를 흥얼거리면서 사무실로 돌아온 마에다는 상당히 기분이 좋아 보였다.

"마에다 선배님, 미팅 잘 되었나 보네요?"

옆자리의 후배 사카이가 말을 걸었다.

"응, 상품에 대해 확실하게 설명하고 왔어. 담당자도 열심히 듣는 눈치였으니까 이번엔 틀림없이 계약이 성사 될 거야."

그렇게 말하면서 메일을 살피던 마에다의 표정이 갑자기 심상치 않게 변했다. 백화점 담당자가 보낸 메일이 벌써 도착했는데 다음과 같은 내용이었다.

'유감스럽지만, 귀사 제품의 납품에 관해서는 다음 기회에 검토하기

로 했습니다.'

마에다는 창백해진 얼굴로 힘없이 노트북을 닫았다.

"이번에야말로 잘 풀렸다고 생각했는데. 도대체 뭐가 잘못된 거야?"

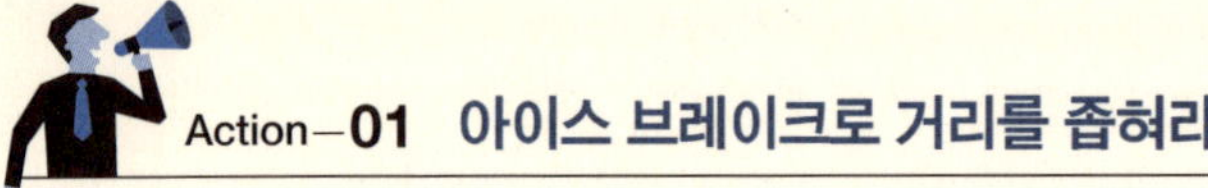

비즈니스의 목적은 사람을 움직여 원하는 성과를 내는 데 있다. 그러나 인간관계가 미처 완성되지 않은 상태에서는 상대를 움직여 자신이 원하는 목적을 달성하기 어렵다.

우선, 인사나 일상적인 대화와 같은 기본적인 커뮤니케이션을 통해 상대가 무엇에 관심이 있고 어떤 요구를 지녔는지 파악해야 한다. 즉, 상대를 '아는 것'부터 시작해야 한다.

**상대를 알기 위한 첫 걸음은 '분위기 만들기'다.
아주 사소한 이야기부터 시작해
편안한 분위기를 만들어야 한다.**

어떤 사람이든 누군가와 처음 만나는 순간에는 긴장하기 마련이다. 그럴 때 일상적인 이야기를 나누면서 어색한 분위기를 누그러뜨리고 긴장을 없앨 수 있다. 별것 아닌 잡담이라도 상대와의 거리를 좁혀 친근감을 느끼게 하는 데 효과적이다. 본래의 목적인 업무 이야기도 자연스럽게 꺼낼 수 있다. 이처럼 사전 분위기를 형성하는 작업을 아이스 브레이크ice break라고 한다.

주변의 연수나 세미나에서도 강사들은 다짜고짜 본론으로 들어가지 않는다.

"오늘 여기 오는 도중에 이런 일이 있었답니다."

그들은 이런 소소한 이야기로 시작해서 청중의 긴장감을 풀어나간
다. 비즈니스 현장에서도 아이스 브레이크가 필요하다.

특히 초면인 경우 상대는 '이 사람은 어떤 사람일까? 믿을 만한 사람
인가? 하고 경계하기 마련이다. 우선은 분위기를 부드럽게 만들면서
상대를 파악해야 한다.

마에다는 자신의 이야기를 전하려는 마음이 너무 앞선 나머지, 상대
가 들을 준비가 되기도 전에 제품 판매에 열을 올렸다. 초면인 영업 사
원이 인사를 마치자마자 대뜸 "저희 회사 제품을 구입해주십시오."라
고 한다면 과연 어느 누가 그 제안을 승낙하겠는가?

아무리 상품이 매력적이고 설명이 훌륭해도 상대를 잘 알지 못한다
면 그를 절대로 움직일 수 없다.

처음 만나는 사람과 도대체 무슨 이야기를 해야 좋을까? 너무 어렵게 생각할 필요는 없다. 설마하니 잡담에 정답이 있겠는가.

　날씨나 뉴스처럼 일상적인 화제도 괜찮고, 상대의 사무실에 대한 감상도 좋다. 오는 길에 일어난 일에 대해 말하거나 상대의 옷차림에 대한 칭찬으로 말문을 열어도 좋다.

"창문으로 보이는 경치가 정말 멋지네요."

"역이 가까워서 출퇴근하기 편리하시겠어요."

"안내해주신 직원이 굉장히 친절해서 감동했습니다."

　이런 이야기들로 시작해보자. 또는 명함을 교환한 김에 "제품 기획부면 어떤 업무를 주로 담당하십니까?"처럼 업무에 대해 물어도 좋다. 상대방이 어떤 일을 하는지, 또 무엇에 관심이 있는지 알 수 있는 기회도 되고, 업무 이야기를 하면서 자연스럽게 본론으로 들어갈 수 있다.

앞서 나는 커뮤니케이션에서 듣는 사람이 결정권을 쥐고 있다고 말했다. 아이스 브레이크도 마찬가지다. 잡담 내용도 상대에 맞춰 달라져야 한다.

상대방이 하고 싶어 하는 이야기나 관심이 있는 주제를 이쪽에서 적극적으로 물어봐주면, 그도 기분 좋게 이야기를 잘 풀어나가므로 서로의 거리를 좁힐 수 있다. 게다가 상대가 지금 무엇을 원하는지도 알 수 있으니 일석이조다.

그런데 가끔 대화의 화제를 자신이 하고 싶은 이야기로 무리하게 바꾸려는 사람이 있다. 마에다는 잡담을 나누며 분위기를 부드럽게 하려는 담당자의 기분을 알아차리지 못한 채 '그런데' 하면서 무리하게 상품 설명으로 화제를 돌리려고 했다.

듣는 입장에서는 '내 이야기가 재미없나, 쓸데없는 말을 꺼냈나' 하고 자신의 이야기가 부정당한 듯이 느낌을 받는다. 만약 잡담이 너무 길어지거나 슬슬 본론으로 들어가고 싶다면 '그런데'가 아닌 좀 더 우회적인 표현을 사용해야 한다.

말씀하시니 생각이 났는데요,

ㅇㅇ에 대해서는 어떻게 생각하시나요?

상대의 이야기를 그대로 이어나가면서 자연스럽게 방향을 전환하는 것이다. 예를 들어 고객이 최근 유행하는 제품에 대해 이야기한다면, "그 말씀을 들으니 생각이 납니다만, 우리 회사에서도 이번에 좋은 반응을 기대하는 상품이 있습니다. 그 이야기를 잠시 드려도 될까요?" 하고 말을 이어가는 것이다. 그렇게 하면 상대의 기분을 나쁘게 하지 않고 자신이 하고 싶은 이야기를 시작할 수 있다.

**일 잘하는 사람들의
대화 스킬**

"오늘 날씨가 참 좋네요."
"혹시 오늘 아침에 뉴스 보셨어요?"
"노란 색을 좋아하시나 봐요, 옷이 참 잘 어울리네요."

처음 만난 사람과는 잡담으로 대화 분위기를 부드럽게 만들자. 다짜고짜 용건부터 꺼낸다면 비즈니스는 물론 그 사람과의 인간적인 관계도 기대할 수 없다는 사실을 기억하자. 취미, 최근 뉴스거리, 관심사, 상대의 옷, 날씨, 음식 등 자연스레 활용할 수 있는 이야깃거리는 무궁무진하다. 단, 잡담이 너무 길어지면 만남의 목적 자체가 불확실해질 수 있으니 경계하자.

"저, 여쭤볼 게 있는데요."
"이것도 모른단 말야? 자, 이건 말야……."

"마에다 선배님, 잠깐 시간 괜찮으세요?"

"아, 사카이 군, 괜찮아. 왜?"

"뭐 좀 물어보고 싶은 게 있어서요."

"그래, 물어봐."

"고객이 견적을 부탁하셨는데요, 이게 좀 복잡해서. 어떻게 하면 좋
을지 모르겠어요."

사카이가 내민 서류를 들여다보던 마에다가 대뜸 물었다.

"자네, 우리 회사 들어온 지 몇 년째지?"

"2년 되었습니다."

"2년이라…… 그럼 이 정도는 알고 있어야지. 머리를 조금만 쓰면 금

방 해결될 것을. 자넨 좀 더 프로 의식을 가져야겠어."

"죄송합니다."

"잘 봐, 이 견적에서는 포인트를 먼저 정리해야지… (중략) … 이제 알았나? 이렇게 하면 간단하잖아. 제대로 좀 하자, 응?"

"네, 고맙습니다."

문제는 해결되었지만 시무룩한 표정으로 자리로 돌아가는 사카이를 못 보았는지 마에다는 후배에게 한 수 알려주었다는 만족감에 흐뭇해했다. 그로부터 며칠 후.

컴퓨터 화면 앞에서 끙끙대는 사카이를 보고 마에다가 말을 걸었다.

"무슨 일이야?"

"아무것도 아닙니다."

모니터 화면을 들여다보던 사카이가 쌀쌀맞게 말했다.

"아무것도 아닌 게 아닌데 그래. 엑셀 쓸 줄 모르면 알려 달라고 해. 이런 건 물어보는 게 훨씬 빠르잖아.'

"됐습니다. 제 머리로 한 번 생각해보겠습니다."

사카이의 화난 듯한 말투에 둔한 마에다도 그제야 이상하다고 눈치를 챈 모양이다.

"왜 화를 내는데?"

"선배에게 물어도 어차피 이런 것도 모르냐며 핀잔을 들을 테니까요. 저 혼자 해보겠습니다."

그리고는 마에다에게 등을 돌린 채 다시 컴퓨터와 씨름하기 시작했다. 후배의 뒷모습을 바라보면서 마에다는 중얼거렸다.

"난 그저 도와주려고 했을 뿐인데…… 도대체 뭐가 잘못된 거야?"

"상사에게 의논하면 늘 이런 것도 모르냐면서 구박부터 합니다. 그러니까 물어보기도 싫고 이제는 같은 사무실에서 일하는 것조차 싫습니다."

기업 연수에서 만난 신입사원들이 흔히 털어놓는 고민이다. 상사는 부하 직원과 경력도 경험도 한참 다르다. 자기는 당연히 할 수 있는 일을 부하 직원이 헤매고 있으면 '왜 이런 것 하나도 제대로 못하느냐'며 핀잔을 주기 쉽다. 개구리 올챙이 적 생각 못 하는 것이다.

하지만 부하 직원의 입장에서 생각해보자. 상사에게 업무에 관해 질문하거나 의논하려면 상당한 용기가 필요하다. 모르는 것, 할 수 없는 일은 가능하면 숨기고 싶은 것이 사람 심리이기 때문이다.

그래도 용기 내서 물었는데 '이런 것 하나 못하냐'는 식으로 다짜고짜 무시하면 문제에 대한 해답을 제시해준들 고마울 리 없다. 그런 상황이 되풀이되면 부하 직원은 문제가 발생해도 더 이상 질문이나 의논을 하지 않고 혼자 해결하려 애쓰거나 숨기게 된다.

그런 줄도 모르고 부하 직원이 질문이 없으면 상사는 '혼자 잘하고 있는 모양이군. 내 충고가 효과가 있었어'라며 흐뭇해한다.

직장 내 커뮤니케이션, 특히 상하 관계의 커뮤니케이션에서 이런 엇갈림이 반복되면 문제는 두 사람의 관계에서만 끝나지 않는다. 부하 직원이 정말 곤란에 처하거나 문제를 일으켰을 때 그것이 상부로 보고되지 않아 심각한 문제로 발전할 수 있기 때문이다.

부하 직원이 질문이나 의논을 해왔을 때 상사는 일방적으로 해답을 제시해서는 안 된다. 물론 해답을 알려주고 처리법을 지시하는 편이 간단하다. 하지만 그러면 부하는 자신의 머리로 생각하지 않고 상사의 지시만 기다리는 '지시대기형 인간'이 되고 만다. 수동적인 분위기에 젖어버리면 스스로 해보겠다는 의욕도 생기지 않는다.

상대가 도움을 요청할 때에는
곧장 '해답'을 알려줄 것이 아니라
질문을 던져보자.

가령, 이런 것이다.
"자네 생각에는 어떻게 하면 잘 될 것 같은데?"
"어느 부분이 이해가 안 되나?"
스스로 문제를 파악하고 어떻게 하면 좋을지 생각하도록 도와주어야 한다. 그 결과 문제가 해결되면 부하 직원은 자신의 능력에 자신감을 가질 수 있게 되고 '이 사람은 나를 성장시키는 구나' 하고 생각하며 상사를 더욱 신뢰하게 될 것이다.

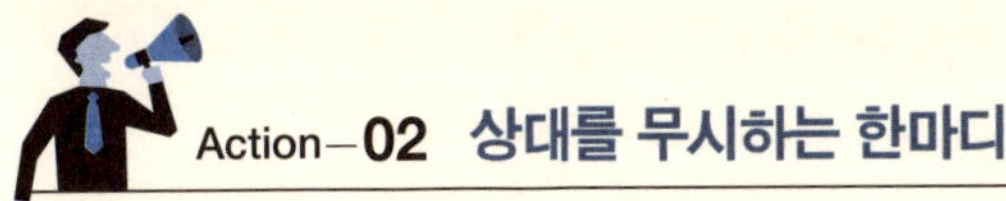

만약 당신이 단 한 명이라도 부하 직원이나 후배를 거느리게 되었다면 무의식적으로 상대를 무시하는 태도를 취하지 않았는지 주의하자. 누구나 '나는 아랫사람에게 으스대지 않는다'고 생각하기 마련이다. 하지만 정말 그런지 아닌지는 상대방이 결정할 일이다. 자신은 아무 생각 없이 한 말이라도 자칫 상대에게는 무시 당하는 듯한 느낌을 줄 수 있기 때문이다.

예를 들면 '호칭'이 그런 것이다. 주변을 살펴 보면 부하 직원을 '자네'라고 부르는 상사가 적지 않다. 'ㅇㅇ군'이라고 부르는 경우도 있다. 듣는 입장에서는 왠지 어린 학생 취급을 받는 것 같아 썩 유쾌하지는 않을 것이다.

연수에서도 나이 어린 수강생들을 상대하는 경우가 많지만 결코 '자네들'이라는 표현은 사용하지 않는다. 가르치는 사람과 배우는 사람이라는 상하관계는 존재하지만, '자네들'이라고 호칭하면 수강생들은 강사가 잘난 척을 한다는 반발심에 이야기를 잘 들어주지 않기 때문이다.

외국계 회사에서는 연공서열이 아니라 실적 위주로 평가하므로, 오늘의 부하가 내일의 상사가 되는 일도 심심찮게 벌어진다. 그래서 사내에서는 연령이나 직책에 관계없이 'ㅇㅇ씨'로 부르는 것이 일반적이다. 원만한 인간관계를 구축하기 위해서는 '수평성'은 반드시 필요한 요소다.

관계에 있어 수평성을 고려한다면

'자네들'은 '우리들'로,

'○○군'은 '○○씨'로 바꿔야 한다.

한편 상사나 동료에게는 정중하고 예의 바르면서 하청업체 직원에게는 거만하게 구는 사람들이 있다. 평소에는 안 그러다가도 레스토랑에서 웨이터나 직원에게 함부로 대하는 사람도 볼 수 있다.

직업에 귀천은 없다. 상대를 무시하는 듯한 태도는 '겉과 속이 다른 사람이다'라는 불신을 낳는다. 어떤 사람과도 수평적인 관계를 맺으려 노력하는 것이 원만한 인간관계를 구축하는 비결이다.

**일 잘하는 사람들의
대화 스킬**

"○○씨 생각에는 어디서부터 잘못된 것 같아?"
"그래, 이건 내가 생각해도 좀 어려워."
"자, 이번 달도 우리 모두 힘을 내보자고!"

대화 도중 누군가에게 무시를 당한다는 느낌이 든 적이 있었는가? 그렇다면 그 사람과 다시는 대화하고 싶지 않을 것이다. 같은 말도 어떻게 전달하느냐에 따라 의미와 효과에 차이가 상당히 크다. 무조건 입 밖으로 낸다고 해서 다 같은 말이 아닌 것이다. 상대를 움직이는 말, 원하는 것을 얻을 수 있는 말은 따로 있다. 지금 당장 당신의 '주는 말'을 체크해보라. '주는 말'이 달라지면 자연스레 '오는 말' 역시 전혀 달라질 것이다.

"그렇게까지 할 필요가 있을까?"
"왜? 내가 틀린 말을 한 건 아니잖아!"

신제품 홍보를 담당하게 된 마에다는 포스터를 제작하는 인쇄소 담당자와 통화 중이다.

"그러면 이야기가 달라지지 않습니까!"

흥분한 마에다의 목소리가 복도까지 울려 퍼졌다.

"그러니까요, 이미 결정된 사실을 바꿀 수는 없습니다. 그쪽에서 어떻게든 해결하세요. 못 하겠다면 이번 계약은 없던 걸로 하겠습니다."

화난 어조로 마에다가 전화를 끊자 후배 사카이가 걱정스러운 듯 물었다.

"선배, 무슨 문제라도 있나요?"

"그게, 어처구니가 없어서. 포스터 제작 비용으로 어제 견적을 받아서 부장님 결재까지 받았는데, 이제 와서 계산이 잘못되었으니 요금을 올려달라는 거야. 한 번 결정된 사항을 이제 와서 뒤집다니 말이 되느냐고.”

“그랬군요. 하지만 아직 견적을 검토하는 단계 아닌가요?”

“어쨌든 잘못한 건 그쪽이잖아. 이 회사와는 이제 일 못하겠어!”

둘의 이야기를 듣던 이시다 부장이 마에다를 자리로 불렀다.

“마에다, 그렇게까지 화낼 건 없지 않나. 그 인쇄소와는 벌써 20년도 넘게 거래한 사이야. 어쩌다 보면 실수할 수도 있으니 이번은 그냥 넘어가지.”

“부장님이 그렇게 늘 봐주시니까, 중요한 견적인데 말도 안 되는 실수를 하는 겁니다. 이제 그쪽하고는 아예 거래를 끊어야 정신을 차린다고요!”

막무가내인 마에다를 보며 참다 못 한 이시다 부장이 쏘아 붙였다.

“아, 좀 적당히 하라니까. 그렇게 불만이면 지금 당장 그 회사보다 더 싸고 빨리 할 수 있는 곳을 찾아와. 아마 1년이 지나도 못 찾을 걸?”

이시다 부장의 화난 목소리에 어리둥절해진 마에다는 말을 잃었다.

“바른 말을 했을 뿐인데, 도대체 뭐가 잘못 된 거야?”

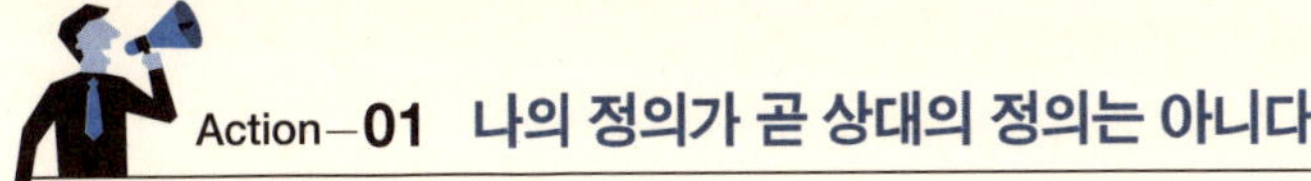

제조업체 직원 A씨의 이야기다.

주요 부품을 납품하는 거래처에서 납기를 연장해달라고 요청해 왔다. 하지만 직원은 "계약한 날짜가 있는데 이제 와서 변경은 어렵다."라고 단칼에 거절했다. 그러자 거래처에서는 "사정이 있어 어렵게 부탁했는데 그렇다면 다음 번 부품 조달은 어렵겠다."라며 으름장을 놓았다.

이번에는 광고 대리점에서 일하는 직원 B씨의 사례다.

거래처 사장이 프로야구 올스타전의 표를 구해달라고 전화가 왔다. 무리인 줄은 알지만 광고 대리점의 넓은 인맥을 좀 써달라는 이야기였다. 하지만 직원은 그 자리에서 다음과 같이 답했다.

"사장님, 올스타전이라면 벌써 다 팔렸지요. 얼마나 인기 있는 시합인데요. 쉽게 구할 수 있겠습니까? 포기하시는 게 좋겠네요."

그러자 거래처 사장은 "무리인 줄 알고 부탁하는 건데 좀 더 애써줘도 좋지 않은가? 그런 태도라면 앞으로 같이 일하기는 어렵겠네!'라고 화를 내며 전화를 끊었다.

자, 두 이야기에서 A씨와 B씨는 모두 다음과 같이 생각했을 것이다.

'뭐가 잘못된 거지? 내가 틀린 말을 한 것도 아닌데…….'

최근 A와 B 같은 타입의 젊은 사원들이 늘고 있다. 정의감이 강하고 상대의 실수를 그냥 넘기지 않는다. 그들의 주장은 대개 틀린 말이 아니라서 오히려 대처하기 곤란하다.

자신이 믿고 있는 정의가
상대에게도 정의일 수는 없다.
정의란 사람의 수만큼 존재하기 때문이다.

가치관이나 상황에 따라서도 무엇이 정의인지는 바뀔 수 있다. 비즈니스에서 '연락은 전화로 하는 것이 예의'라고 생각하는 사람과, '상대의 시간을 방해해서는 안 되니 문자나 메일이 기본'이라고 생각하는 사람이 있다. 그들의 정의는 다르지만 어느 한 쪽이 옳다고 할 수는 없다.

비즈니스 세계에서는 수많은 사람과 회사가 관계를 맺는다. 각자의 입장과 이해 관계가 모두 다르므로 정의는 하나가 될 수 없다. 서로 다른 정의의 차이를 메우면서 최선의 판단을 내릴 수 있도록 만드는 것이 바로 커뮤니케이션이다.

먼저 A씨의 경우를 살펴보자. 그는 상대방에 대해 좀 더 알 필요가 있었다. 이미 정해진 납기를 변경해달라고 부탁할 정도이니 나름의 이유가 있을 터이다. 먼저 그 이유를 묻고 납기를 변경하는 것 외에는 방법이 없다면 관계 부서와 조정하는 수밖에 없다.

거래처에는 다음과 같이 문의한 뒤 상사와 의논하는 것이 바람직하다.

"꼭 납기를 변경해야 하신다니 피치 못할 사정이 있겠지요. 그 이유의 핵심만 알려주실 수 없을까요? 상사와 의논해서 어떻게든 힘써보겠습니다."

B씨의 경우도 마찬가지다. 설사 표를 구하기 어렵다고 해도 일언지

하에 거절해서는 안 된다.

"알겠습니다. 쉽지는 않겠지만 한 번 알아볼 테니 조금만 기다려주실 수 있을까요?"

이렇게 답한 뒤 결과를 전달해도 늦지 않다.

운 좋게 표를 손에 넣을 수 있다면 거래처와 관계는 더욱 긴밀해질 것이다. 설사 구하지 못하더라도 노력하는 자세를 보임으로써 적어도 '거래처를 소중히 생각한다'는 메시지는 전달할 수 있다.

**원칙이나 계약, 현실을 운운하면서
단칼에 거절하는 일은 매우 간단하다.
하지만 그것은 상대와의 커뮤니케이션을
차단하는 행위와 다름없다.**

이런 태도로는 상대방과의 거래에서 성과를 기대하기 어렵다. 자동차를 운전할 때 핸들의 유격이 없으면 핸들이 무거워져서 컨트롤 할 수 없게 된다. 대화도 마찬가지다. 충격을 흡수할 수 있는 완충 장치, 즉 쿠션 언어가 없으면 융통성이 없어져 인간관계도 삐걱거리게 된다.

상대를 배려하는 마음이 담긴 쿠션 언어를 효율적으로 사용한다면 커뮤니케이션은 더 활기를 띨 수 있을 것이다.

비즈니스 현장에서는 하기 어려운 말을 꺼내야 할 때가 종종 있다. 납기를 연장해 달라든지 업무 상 실수를 말해야 할 때가 그런 경우다. 이럴 때는 먼저 상대의 충격이나 분노를 진정시킬 수 있는 쿠션 언어를 사용해야 한다. 다음과 같은 표현을 예로 들 수 있다.

"죄송합니다."

"면목이 없습니다."

"수고스럽겠지만 부탁드립니다."

"바쁘신데 실례하겠습니다."

쿠션 언어를 사용하면 문제가 발생했을 때 자칫 악화되기 쉬운 인간관계도 최소한 현상 유지는 할 수 있다. 이런 표현을 통해 상대를 생각하는 마음을 나타낼 수 있기 때문이다. 쿠션 언어는 대화 중간 중간에 되풀이 사용하면 더욱 효과적이다.

단, 상대의 항의나 질타가 있은 후 사과한다면 진정성을 의심 받기 쉽다. 상대가 다그친 탓에 나온 반응이라고 생각하기 때문이다. 단 한 마디의 쿠션 언어로 결과가 크게 달라질 수 있다는 점을 기억하자.

일 잘하는 사람들의
대화 스킬

"혹시 그럴 만한 사정이 있으신 건가요?"

"번거로우시겠지만 꼭 부탁드립니다."

"여기저기 알아봤는데 생각처럼 쉽지가 않습니다."

바른 말을 한다고 반드시 말을 잘하는 것은 아니다. 특히 비즈니스 대화에서 자칫 바른 말은 인간관계나 중요한 비즈니스를 망치는 독이 될 수 있다. 유연하지 못하고 꽉 막힌 사람으로 비춰질 수 있기 때문이다. 전화 업무가 잦은 직업이라면 사무실 책상 앞에 쿠션 언어를 몇 개 적어놓는 건 어떨까. 때로는 장황하게 논리적인 설명보다 짧은 쿠션 언어 하나가 커뮤니케이션에 윤활제 역할을 톡톡히 해줄 것이다.

고급 술집의 한 룸에 이시다 부장과 마에다가 나란히 앉아 있다.

"마에다, 오늘 접대는 실수 없이 잘 부탁하네."

"걱정 마십시오. 중요한 거래처 사장님이시니 잘 모시겠습니다."

5분 후.

거래처 사장이 도착하고 건배를 마치자 사장은 마에다에게 물었다.

"마에다 군이라고 했지? 우리 회사도 이제 젊은 사람의 의견을 좀 참고해야 될 것 같아. 자네는 우리 전통과자점을 어떻게 생각하나?"

"아, 네. 전통과자점 말씀이지요?"

"그래, 생각나는 대로 솔직히 말해도 좋네."

"저 같은 신참내기 의견은 별 도움이 되지 못 할 텐데요."

"아니, 그렇지 않아. 앞으로는 젊은 사람들도 우리 가게를 더 많이 찾아 주었으면 하거든. 뭐든지 괜찮으니 어서 말해보게."

"그게, 저, 정말 훌륭한 가게라고 생각합니다."

"훌륭하다고 하면? 좀 더 구체적으로 들려주면 좋겠는데."

"글쎄요. 제품도 점포 인테리어도 전부 훌륭하다고 생각합니다."

"아, 그래. 그렇군."

떨떠름해 하는 사장의 표정을 살피던 부장은 당황해서 수습에 들어갔다.

"사장님, 죄송합니다. 우리 직원이 너무 긴장한 나머지. 자 한잔 더 하시지요."

돌아오는 택시 안에서 마에다가 자신만만하게 말을 꺼냈다.

"부장님, 어땠나요? 제 접대 실력이. 너무 지나치지 않으면서도 사장님을 잘 치켜세웠지요?"

"뭐가 어쨌다고? 그게 무슨 소리야. 최악이었다고. 평소에는 잘도 떠들어 대더니, 왜 오늘은 의견을 분명히 말하지 않은 거야?"

"네? 사장님이 의견을 말하라고는 했지만, 사실은 저같이 젊은 사원에게 지적을 당하고 싶지 않을 거라 생각해서…… 저는 오히려 사장님의 기분을 배려해서 말하지 않았는데요."

"배려는 무슨, 역효과만 났다고. 사장이 돌아가는 길에 뭐라고 했는지 알아? 역시 요즘 젊은이들은 자기네 상점에 별 관심이 없는 모양이라고 했다고."

"네? 그렇게 보였단 말입니까? 얌전히 있는 편이 좋다고 생각했는데. 도대체 뭐가 잘못된 거죠?"

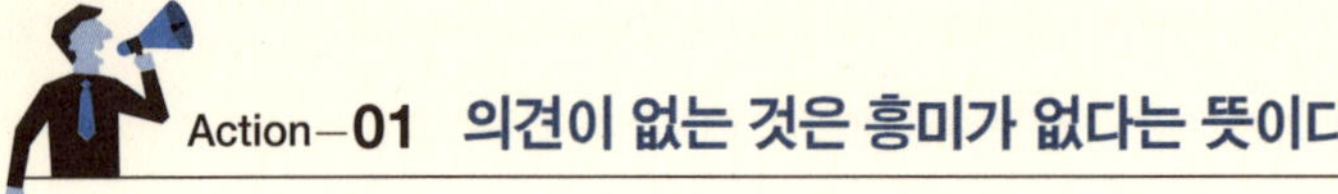

Action–01 의견이 없는 것은 흥미가 없다는 뜻이다

비즈니스 현장에서는 세대가 동떨어진 사람과도 원활하게 커뮤니케이션 할 수 있는 능력이 필요하다. 하지만 나이 차이가 많은 사람과 있으면 괜스레 긴장하고 무슨 이야기를 해야 할지 몰라 어려워하는 사람들이 많다.

대개 연령이 높은 사람은 사내에서는 지위가 높은 결정권자이거나 거래처라면 경영진에 해당한다. 그런 주요 인물과 적극적으로 대화를 나눌 수 있다면 젊은 직원에게는 고급 인맥을 구축하기에 더할 나위 없는 좋은 기회이므로 적극적으로 활용해야 한다.

대개 손윗사람은 부하 직원이 긴장하거나 어려워하는 심정을 잘 이해하므로, 대부분 먼저 이야기를 꺼내거나 질문을 해서 분위기를 주도한다. 윗사람이 애써 내민 손을 잡지 않으면 손해다. 물론 실수하지나 않을까 긴장도 되고 분위기에 압도될 수도 있지만 적극적으로 발언해야 한다.

의견이 다를까 봐 입을 다물어서는 안 된다.
그런 태도는 커뮤니케이션을 할 생각이 없다고
말하는 것이나 마찬가지다.

생각해서 말을 걸어주었는데 반응이 신통치 않으면 상대도 지루해진다. '저는 이렇게 생각합니다!' 하고 자기 의견을 당당하게 말하자. 윗사람에게 자신의 의견을 주장하는 것이 예의에 어긋난다고 느낄 수도 있다. 하지만 비상식적인 이야기가 아니라면 젊은 직원의 열정으로 흔쾌히 받아들일 것이다.

특히 경영자들은 본인도 자신의 주장을 내세우는 타입이 대부분이므로 '패기가 대단하군!' 하면서 긍정적으로 생각해줄 것이다. 자신과 상대의 의견은 당연히 다를 수 있다. 그 차이를 메우는 것이 바로 커뮤니케이션의 본질이다.

요즘 비즈니스맨들을 보면 '사양'과 '배려'를 혼동하는 듯하다. '사양'은 말과 행동을 삼가고 물러서는 일인 반면, '배려'는 상대를 위한 마음 씀씀이다. 양측의 가장 큰 차이는 '사양'이 자신을 기준으로 하는 행위인 반면 '배려'는 상대를 기준으로 생각한다는 점이다.

가령, 식당에 가서 "뭐 먹을까?" 하고 물으면 흔히들 "아무거나요."라거나 "다른 분들과 같은 걸로 하겠습니다."라는 답이 돌아온다. 말하는 사람은 상대를 배려한다고 생각할지 모르지만 결정해야 하는 사람은 오히려 신경이 쓰인다. 정확한 의견이 필요할 때 입을 다무는 것은 배려가 아니다.

진정한 배려가 어떤 것인지 다음 사례를 통해 생각해보자.

서비스가 좋기로 유명한 레스토랑을 찾았을 때 일이다. 레스토랑에 들어서자마자 직원이 "사쿠라이 님, 어서 오십시오!" 하고 이름을 부르며 맞아주었다. 내 이름을 알고 있다는 사실에 은근히 기분이 좋아졌는데 놀라기는 아직 일렀다. 자리에 앉아 냅킨을 펼치려는데 구석에 내 이름의 이니셜이 정성껏 수놓아진 것이 아닌가. 감동의 연속이었다.

식사를 마치고 한잔하기 위해 바로 자리를 옮겼는데, 바텐더가 더위를 식히시라며 작은 부채를 건네주었다. 자세히 보니 그 부채에는 우리 회사 상품 이미지가 인쇄되어 있었다.

내가 감동한 이유는 이 모든 것이 '저희가 당신을 위해 이런 것을 준비했습니다' 하고 생색을 내지 않았다는 점이다. 그것은 상대방이 자연스럽게 알아차릴 수 있도록 세심하게 준비한 서비스였다. 이것이야말로 상대를 위한 진정한 '배려'가 아닐까 생각했다.

**상대가 불편을 느끼지 않게 하려는 마음으로 노력해보자.
그 노력과 함께 당신의 커뮤니케이션
능력도 크게 성장할 것이다.**

커뮤니케이션 능력이 뛰어난 사람은 자연스럽게 상대를 배려한다. 여러 명이 함께 모인 자리라면 자신의 이야기가 끝날 때쯤 "○○씨는 어떻게 생각하세요?" 하고 모임의 구성원 중 한 사람도 빠짐없이 참여할 수 있도록 신경을 쓴다.

또 분위기를 띄우기 위해서 창피를 무릅쓰고 자신의 실패담을 늘어놓기도 한다. 상대를 배려하는 태도는 평소부터 몸에 배어 있지 않은 이상 어느 날 갑자기 나오지는 않는다.

일 잘하는 사람들의 대화 스킬

"제 생각에 이번 프로젝트의 문제점은 이것 같습니다."
"이렇게 해보면 어떨까요?"
"조금 창피하지만 저의 실패 경험을 이야기해 드릴게요!"

커뮤니케이션을 할 때 제법 많은 사람들이 침묵이나 동의가 대화의 중요한 기술이라고 생각하곤 한다. 나의 의견을 솔직하게 말하면 상대가 무시당했다고 생각할까봐 걱정하는 것이다. 대화에서 배려는 매우 중요한 요건이다. 하지만 지나친 배려는 상대로 하여금 '내 이야기에 흥미가 없나?' '이 주제에 대해 부정적인가?' 하는 인상을 주기 쉽다. 특히나 토론이나 회의를 해야 하는 자리에서는 예의 바르되 적극적으로 자신의 의견을 피력하는 것이 커뮤니케이션의 지혜다.

전국 체인의 마트에서 크리스마스 행사에서 판매할 케이크를 제안해 달라고 의뢰를 받은 마에다. 모처럼 만의 대규모 계약 건이라 반드시 성사시키겠다며 매우 의욕적이다.

"오늘은 저희 회사가 야심차게 준비한 크리스마스 케이크를 소개해 드리겠습니다."

"오, 기대되는데요? 어떤 케이크입니까?"

"바로 이 케이크입니다."

실물 크기의 초콜릿 케이크를 내놓으면서 마에다는 설명을 이어 나갔다.

"이 케이크의 주제는 고품격입니다. 재료부터 장식까지 모두 최고급

품만 사용했습니다."

"아, 그렇군요."

"초콜릿은 본고장 벨기에산으로 너무 달지 않으면서도 진한 풍미를 느낄 수 있습니다. 단맛을 싫어하는 고객에게 안성맞춤이지요."

"생크림도 순도가 높은 최고급품으로 품격 있는 맛을 느낄 수 있습니다. 한 번 드셔보시겠습니까?"

마트 담당자는 케이크를 맛보면서 말했다.

"정말 말씀대로 고급스러운 맛이네요. 그런데 이번 행사는 '가족이 다 함께 즐기는 크리스마스'라는 테마로 진행할 예정이라서요."

"그러시다면 더군다나 이 케이크가 가장 적합합니다. 요즘은 다들 진짜를 원하니까요. 특히 부모님 세대에 반응이 좋을 겁니다."

"그럴 수도 있겠지요. 그런데 아이들에게도 고품격 지향이라는 이미지가 과연 통할까요?"

망설이는 듯한 담당자의 표정을 본 마에다는 설득하려고 필사적이다.

"아이들이야 고품격인지 아닌지 먹어도 알 수 없지요. 그저 달고 맛있으면 그만이니까요. 하지만 타사 제품과 비교해도 최고급 재료를 쓰는 데 비해 가격은 최대한 합리적으로 낮추었습니다. 가격 대비 품질에는 자신 있습니다."

"말은 그렇지만 크리스마스란 게 아무래도 아이들 중심이니 애들이 좋아할 만한 요소가 필요하지 않을까요?"

"감히 말씀 드리지만 지금은 발상의 전환이 필요할 때입니다. 어디까지나 돈을 내고 케이크를 사는 건 부모들이니까요. 그들이 좋아하는 케이크가 더 잘 팔리는 게 당연하지요."

마에다가 주장을 굽히지 않자 담당자는 반쯤 체념한 듯 "그렇군요. 그럴 수도 있겠네요. 그럼, 검토할 시간을 좀 주시지요." 하고는 서둘러 자리를 떠났다.

며칠 뒤.

"선배, 오늘 마트의 계약 건, 결과가 나오는 날이지요?"

후배 사카이가 묻자 마에다는 자신만만하게 말했다.

"이번에는 기대해도 좋아. 내 제안에 담당자가 감탄하는 눈치였으니까."

그때 마트 담당자로부터 연락이 왔다. 결과는 계약 불가였다. 어깨가 축 처진 채 수화기를 내려놓는 마에다는 중얼거렸다.

"제품의 장점을 그렇게 알아듣게 설명했는데, 도대체 뭐가 잘못된 거야?"

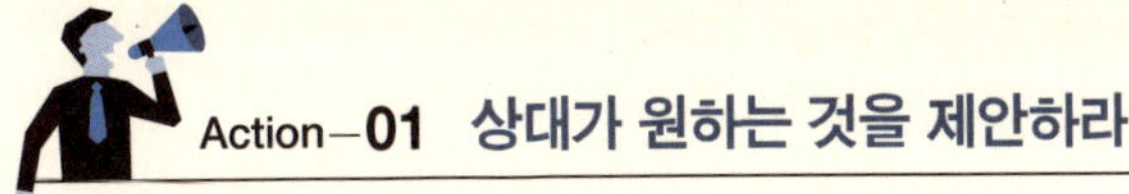

프레젠테이션에서 생각만큼 성과가 안 난다고 고민하는 사람이 적지 않다. 자료도 빈틈없이 준비했고 제품에 대한 설명도 완벽했는데 계약이 무산되거나 기획서가 통과되지 않는다는 것이다.

그런 사람은 자신이 전달하고 싶은 정보에만 집착하지는 않았는지 점검해야 한다. 상대가 어떤 정보를 원하는지 놓쳤을 가능성이 높다. 가령, 라면이 먹고 싶어 식당을 찾는 사람에게 고급 레스토랑의 반값 세일 전단지를 나누어준들 받아 든 채 살펴보지 않을 것이다. 커뮤니케이션에서도 그와 마찬가지다.

사람을 보고 행동하라는 말처럼

상대를 움직이려면

먼저 그가 무엇을 원하는지 알아야 한다.

타이어 회사의 영업 직원이 대규모 운송 회사에 납품 제안을 하러 갔다. 그 회사는 수백 대의 트럭을 운행하고 있으므로 당연히 타이어 교환 수요가 크리라고 예측했기 때문이다. 상담은 생각만큼 쉽지 않았다. 카탈로그를 보여주며 상품 특징을 꼼꼼히 설명하고, 기존 거래처보다 저렴한 가격을 강조해도 담당자는 딴소리만 할 뿐이다.

가능성이 없다고 포기하려는 영업 직원의 눈에 책상 위에 놓인 가족사진이 들어왔다. 그는 자연스럽게 "가족 분들 사진인가 봅니다." 하고 말했다. 그러자 담당자는 그때까지와는 다른 진지한 태도로 이야기를 시작했다.

"가족이 무엇보다 소중하지요. 우리 회사에서는 운전기사들에게 끊임없이 강조한답니다. 소중한 가족이 슬퍼할 일은 절대 없어야 한다고. 첫째도 안전, 둘째도 안전, 귀에 못이 박힐 정도지요. 회사 차원에서 교통사고를 예방하기 위한 교육도 철저히 하고 있습니다."

그 순간 영업 사원은 이 회사가 다른 무엇보다 안전을 중요하게 생각한다는 사실을 깨달았다. 그는 곧바로 자사 제품의 안정성을 집중적으로 설명했고, 그 결과 대규모 계약을 성사 시킬 수 있었다.

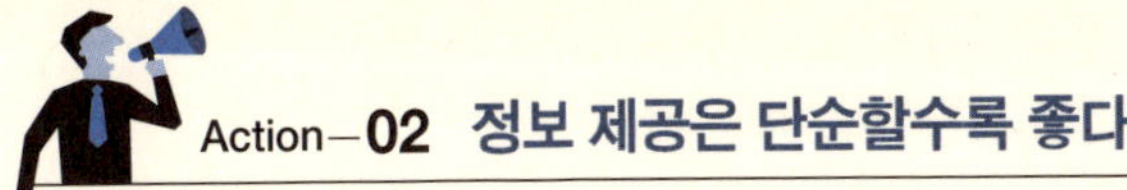

커뮤니케이션 상황에서는 상대가 필요로 하는 정보를 제시해야 성공한다. 좀처럼 성과가 오르지 않는다면 물량 공세를 하듯 너무 많은 정보를 상대에게 제공하지는 않았는지 점검해보자.

혼히 사람들은 정보가 많을수록 좋다고 착각한다. 하지만 뷔페 레스토랑에서 이것저것 많이 먹고도 맛있다고 꼽을 만한 요리가 없듯이 원하는 정보가 아니면 상대를 설득할 수 없다. 상대에게 무언가를 전달하고 싶다면 정보는 '심플 이즈 베스트'가 기본이다.

마에다는 제품의 장점을 전달하려고 필사적이었다. 반면 마트 담당자는 자신의 요구를 상당히 구체적으로 제시했다. '부모 자식이 모두 즐길 수 있는 크리스마스'에 맞는 케이크를 원한다고 정답을 알려준 것이나 마찬가지인 것이다.

**비즈니스에서 성과를 얻으려면
상대를 아는 일이 무엇보다 우선이다.
그러기 위해서는 잘 듣고, 질문해야 한다.**

하지만 마에다는 자신이 제공하려는 정보에만 매달렸다. 그 순간 순발력을 발휘해서 아이들이 좋아할 만한 캐릭터나 디자인의 케이크를 제안했다면 어땠을까? 결과는 사뭇 달라졌을 것이다.

상대가 기분 좋게 이야기할 수 있게 하는 가장 간단한 방법이 있다. 바로 '맞장구치기'다. 너무 간단한 요령이라 미처 생각지 못하는 사람이 많다. 맞장구만 잘 쳐도 상대는 신이 나서 이야기하게 되므로 많은 정보를 알아낼 수 있다.

다음과 같은 '맞장구치기'의 몇 가지 예를 적절히 사용해 보자.

① 동의 – 역시, 그렇군요. 동감입니다. 말씀하신 대로입니다.

② 공감 – 저도 다 압니다. 고생이 많으시네요. 걱정이군요.

③ 촉진 – 그래서 어떻게 되었습니까?

④ 정리 – 한마디로 하자면 ~라는 것이지요. 즉 ~입니다.

⑤ 전환 – 그 말씀하시니 생각이 났는데요, 그러고 보니

상대가 어렵고 대화를 이끌어 나가는 게 유독 어려운 상황일수록 맞장구치기는 가장 쉽고 빠르게 상대의 마음을 열 수 있는 도구다. 어려운 스킬이 필요하지 않고 평상시 연습만으로 얼마든지 익힐 수 있어 내가 사람들에게 특히 추천하는 방법이기도 하다.

대화에 맞추어 능숙하게 맞장구 표현을 활용한다면 상대의 이야기를 끄집어내는 커뮤니케이션의 달인이 되는 것은 시간 문제다.

일 잘하는 사람들의
대화 스킬

"이 프로젝트의 의도와 알맞은 제품 몇 개만 추려왔습니다."

"맞아요, 저도 그 말에는 크게 공감합니다."

"어떻게 그런 일이, 그래서 어떻게 되었나요?"

능숙하게 이야기하는 게 어렵다면 맞장구부터 배우는 것도 좋은 방법이다. 리액션은 커뮤니케이션에서 윤활제와도 같은 역할을 한다. 적절한 타이밍에 건네는 짧은 맞장구만으로도 상대는 당신이 자신과 말이 잘 통한다고 느끼며 이해받고 있다고 생각할 것이다. 맞장구는 상대로 하여금 계속해서 말하게 하는 힘이 있다. 다양한 맞장구 표현으로 상대의 말문을 활짝 열어보자.

"그런 긴급상황을 왜 이제야 보고 하는 거지?"
"내용을 문서로 정리하느라……."

"선배님, 아까부터 뭘 그렇게 열심히 적으세요?"

점심을 먹고 온 후배 사카이는 식사도 안 하고 책상을 지키고 있는 마에다가 신경 쓰이는 눈치다.

"아, A 식품회사 건이야. 부장님께 보고해야 할 내용이라서."

"문서로 정리할 정도로 내용이 많은가요? 아니면 그냥 말씀 드리는 편이 빠를 텐데."

"그게, 보고드릴 때마다 무슨 소린지 못 알아듣겠다고 야단이시니까. 이번엔 완벽하게 정리한 다음에 메모를 보면서 보고하려고."

"그러시군요."

"점심시간 끝났지? 그럼 갔다 올게."

마에다는 의기양양하게 부장을 찾았다.

"부장님, 보고드릴 게 있습니다."

"뭔가?"

"전부터 거래하던 A 식품회사의 계장님이 지난 11일 우리 회사의 새로 나온 쿠키를 3천 세트나 주문해주셔서 12일에 창고에서 발송하려는 차에……."

"아, 그건 알고 있어. 그래서 어떻게 됐다는 거야?"

부장은 짜증이 난 듯 마에다를 재촉했다.

"네, 그래서 오늘 오전에 다른 안건으로 A 식품회사의 그 계장님과 연락할 일이 있어서 메일을 보냈는데, 평소 같으면 즉시 답장이 올 텐데, 좀처럼 오지 않아서 이상하다고 생각해서……."

"잠깐만, 뭐가 그렇게 길어? 그래서 도대체 무슨 일이야? 한마디로 정리해보게."

"한마디요? 그게…… 저, 요약하자면 A 식품회사로 보낸 그 쿠키가 도착하지 않았다고 계장님이 연락을 주셨습니다."

"뭐야? 제품이 안 갔다고? 그래서 어떻게 됐어? 설마 제대로 처리는 한 거지?"

"아니오, 그게 아직…… 먼저 부장님께 보고한 다음에 의견을 여쭙고……."

순간 부장의 얼굴에서 핏기가 사라졌다.

"자네, 그 계장이 전화한 게 몇 시야?"

"오전 11시 정도였는데요."

"뭐라고? 지금 몇 신줄 알아? 1시 반이야! 벌써 2시간이나 지났다고. 정신이 있나 없나? 도대체 왜 당장 보고하지 않은 거야?"

“아, 저는 내용을 좀 정리해서 보고드리려고, 게다가 점심시간이라서 좋은 소식도 아닌데 식사 끝내신 다음에 알려 드리는 게 좋을 것 같아서, 그래서, 점심시간 끝나자마자 곧장……."

부장은 한숨을 쉬더니 마에다의 말을 자르듯 내뱉었다.

“됐네. 내가 직접 계장에게 전화하지. 사카이, 미안하지만 마에다 대신 창고 가서 제품 좀 확인해 줘. 그리고 마에다, 자넨 이제 이 일에서 빠지게."

당황한 마에다는 속으로 한탄했다.

'아, 제대로 보고하려고 그런 거였는데 도대체 뭐가 잘못된 거야?

신입사원을 대상으로 하는 연수에서는 늘 상사에 대한 보고와 연락, 그리고 상의가 얼마나 중요한지 강조한다.

어느 날 한 신입사원이 이렇게 물었다.

"그럼 점심시간에 상사에게 보고 해도 괜찮은가요?"

그 직원은 상사가 식사하는데 업무 보고를 하는 것이 실례가 아닌가 묻고 싶었겠지만 솔직히 그런 기본적인 사항도 모른다는 사실에 놀라지 않을 수 없었다. 하지만 잘 생각해보면 언제 어떻게 보고하고 연락하며 의논할지 차근차근 알려주는 상사는 많지 않다. 그 신참도 누구에게 물어보면 좋을지 몰라 고민하다가 용기를 내서 강사인 내게 질문했으리라.

나는 이렇게 답했다.

"우선 긴급사항인지 아닌지부터 판단해야겠지요."

급한 일이 아니라면 점심시간이 끝난 다음에 보고해도 충분하다. 하지만 촌각을 다투는 상황이라면 상사가 밥을 먹고 있든, 손님을 만나든, 설사 퇴근을 했더라도 보고해야 한다. 상사를 배려하는 마음에 적절한 타이밍만 기다리는 것은 굉장히 어리석은 일이다.

보고는 무엇보다 타이밍이 중요하다. 부하가 제때 보고하지 않으면 상사는 해당 상황을 판단할 기회를 놓친다. 부하 직원에 대한 신뢰가 깨지는 것은 당연지사다. 판단 지연은 상황을 더욱 악화시킬 수 있으므로 신속하게 보고해야 한다.

여기서 한 가지 중요한 사항이 있다.

특히 좋은 소식보다는
나쁜 소식을 더 빨리 알려야 한다.

나쁜 소식은 대개 빠른 대응이 필요한 경우다. 방치하면 문제를 더 크게 만들 수 있기 때문이다. 물론 상사에게 나쁜 소식을 전달하고 싶은 사람은 없다. 가능하면 입 다문 채 넘어가고 싶은 것이 인지상정이다.

그러나 나쁜 소식은 신속 정확하게 알리고 대처하는 것이 원칙이다. 만일 본인의 실수가 있다면 정공법으로 해결해야 한다. 상사가 불호령을 내리겠지만 솔직하게 인정하고 사과한다면 용서받을 수 있는 여지가 있고, 무엇보다 문제가 더 심각해지기 전에 적절하게 대처할 수 있기 때문이다.

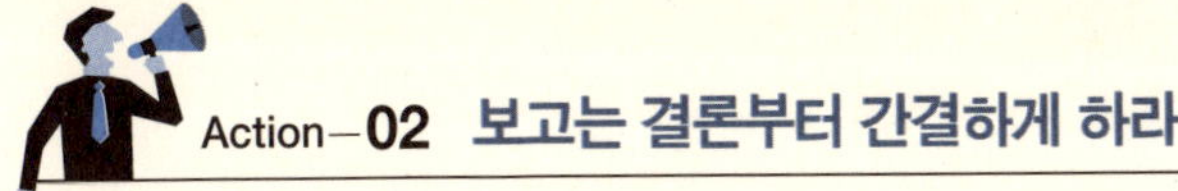

보고는 결론부터 간결하게 하라

보고는 상사와 부하를 이어주는 중요한 연결고리다. 제때 정확하게 잘 보고하면 상사의 무한한 신뢰를 얻을 수 있다. 하지만 실제로는 보고가 서툰 사람이 대부분이다. 핵심 요령만 잘 파악한다면 상사가 만족할 만한 보고는 충분히 가능하다.

우선은 결론부터 간결하게 말하자.
장황하게 긴 문장으로 말하면
실수를 할 가능성이 크며 보고 시간도 길어진다.

자세히 설명하려는 의도는 좋지만 상사의 입장에서는 좀처럼 참고 들어주기가 어렵다. 중간에 말을 자르면서 "그래서 하고 싶은 말이 뭐야?" 하고 짜증을 내게 되는 것이다.

가령, 이런 것이다.

"A사에서 제품이 아직 납품되지 않았다고 클레임이 왔습니다."

"B제품의 매출이 이번 달 목표치를 100퍼센트 달성했습니다."

사실을 중심으로 결론부터 간결하게 말하는 것이 좋은 보고의 기본이다.

결론을 말했다면 다음으로는 상황에 대한 이유나 배경을 보고한다. 이때도 간결하게 요약한다는 점을 잊지 말자. 장황한 보고는 상사를 피곤하게 만들 뿐이다.

이럴 때는 다음과 같은 정리법이 유용하다.

"이번 사건이 발생한 이유는 세 가지입니다. 첫째는 ~이고, 둘째는 ~이고, 마지막으로는 ~입니다."

이렇게 하면 듣는 사람도 이해하기 쉽고, 보고하는 쪽도 장황하게 늘어놓지 않고 요점만 정리해서 전달할 수 있다.

좋은 보고의 예는 아래와 같다.

"B제품의 매출이 금월 목표치를 120퍼센트 달성했습니다. 그 배경으로는 첫째, 신도시 시장의 매출이 증가한 점, 둘째, 전단지를 이용한 홍보가 효과가 있었다는 점, 마지막으로는 SNS를 통해 제품에 관해 주부층을 중심으로 입소문이 퍼진 점을 들 수 있습니다."

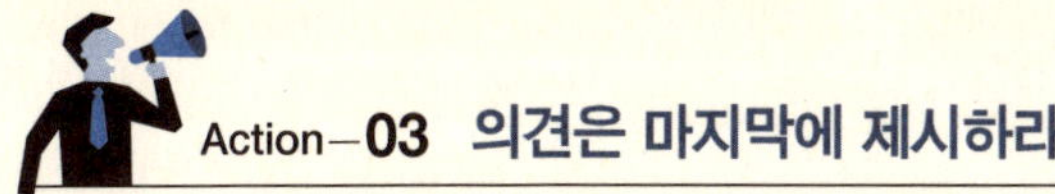

또 한 가지, 자신의 의견을 제시할 때에도 주의가 필요하다.

"이번 일로 A사와 거래가 어려워질 듯합니다."

"B제품의 매출이 앞으로 시장에서 강세를 보일 듯합니다."

이렇듯 서두부터 자신의 의견을 내세우는 사람이 있다. 판단은 어디까지나 상사의 몫이다. 상사가 당신의 보고에서 원하는 것은 자신이 판단을 내릴 수 있는 재료, 즉 사실이다.

사실부터 보고하라.

판단은 상사에게 맡긴 후

의견 제시는 그 다음이다.

사실을 중심으로 결론부터 간결하게 보고하라. 배경과 이유를 충분히 설명했다면, 마지막에 자신의 의견을 자연스럽게 덧붙이자. 신속정확하고 간결한 보고 끝에 "제 생각에는 SNS를 통한 입소문 마케팅을 시도해보는 것이 좋을 듯합니다."처럼 제안한다면 상사에게 능력을 인정받을 수 있다.

이처럼 말에는 순서가 있다. 어떤 말을 먼저 하느냐에 따라 상대의 반응과 신뢰도가 전혀 달라질 수 있는 것이다. 이런 스킬은 결코 하루아침에 얻어지는 것이 아니다.

일 잘하는 사람들의
대화 스킬

"거래처에서 클레임이 왔습니다. 제 생각에는……."

"식사 중에 죄송합니다만, 긴급상황이라 보고 드립니다."

"제 실수입니다. 상황이 커지기 전에 이렇게 해결하면 어떨까요?"

최대한 간결한 화법을 사용하면 상대를 내 이야기에 집중하게 할 수 있다. 말하고자 하는 핵심을 얼마나 빠른 시간에 효과적으로 전달할 것인가가 비즈니스의 성과를 좌우한다. 업무상 실수를 저질렀다면 움츠러들지 말고 정면돌파해 해결 방법을 적극적으로 찾는 모습을 보여야 불편한 상황을 모면할 수 있다. 상사에게 보고하는 일에 어려움을 느낀다면 〈결론+이유와 배경+의견〉 순을 기억해 간결하게 이야기하자.

“내게 그 이야기를 하는 요점이 뭔가?”
“그러니까…… 재미있지 않나요?”

“선배님, 안녕하세요! 오늘 스피치, 선배님 차례지요?”

“어, 사카이. 좋은 아침. 오늘은 기대해. 어제 밤새 준비했으니까.”

매일 조례 시간에 직원들이 돌아가며 1분 스피치를 하는데 오늘은 마에다의 순번이었다.

마에다가 직원들 앞에 서서 이야기를 시작했다.

“친구와 얼마 전 레스토랑에 갔을 때의 일입니다. 옆자리에 젊은 커플과 중년 여성이 앉았는데 가까운 거리라 대화 내용이 다 들렸지요. 젊은 아가씨는 중년 여성과 모녀 사이로 남자 친구를 처음 소개시키는 듯했습니다.

얼마 지나지 않아 남자는 자신의 직업을 프리라이터라고 소개했습

니다. 그러자 중년 여성은 조금 놀란 듯하더니 점점 표정이 어두워지
면서 이렇게 물었습니다. '그럼, 계속 아르바이트만 할 생각인가요?'

중년 여성은 프리라이터를 프리터로 잘못 알아들은 것입니다. 그
말을 듣고 저는 웃음이 터져 하마터면 음식을 내뿜을 뻔했습니다."

거기까지 이야기를 마친 마에다는 만족스럽다는 듯이 "이상입니
다" 하고 인사를 했다. 순간 다들 멍하니 입을 다물고 서로 얼굴만 쳐
다보았다. 마에다는 자신의 기대와는 다른 반응이었는지 어리둥절한
표정이었다.

참다 못 한 부장이 한마디 했다.

"이봐, 마에다. 그게 끝인가?"

"네, 그런데요."

"그런데요라니? 도대체 자네는 무슨 말이 하고 싶었던 거야? 스피치
라면 주제가 있어야 할 거 아닌가?"

"주제라면 그야 재미있는 이야기입니다."

"으이구, 그게 어떻게 주제가 되냐고, 내일 다시 준비해오게!"

영문을 알지 못하겠다는 표정으로 마에다는 중얼거렸다.

"뭐야, 재미있는 이야기로는 부족해? 도대체 뭐가 잘못된 거야?"

스피치는 자신의 생각을 대중에게 알기 쉽게 설명하는 기술을 익힐 수 있는 좋은 기회다. 단순히 대중 앞에서 말하는 배짱을 키우려는 목적도 있지만 스피치라면 주제가 있어야 한다.

그렇다면 주제란 무엇일까?

무슨 말이 하고 싶은가?
상대가 알기 바라는 내용은 무엇인가?
이것이 '주제'다.

주제가 명확해야 당신이 말하고 싶은 내용이 상대에게 정확히 전달된다. 그리고 듣는 사람의 마음을 움직여 행동하게 만드는 것이다. 마에다의 스피치는 그저 우스운 이야기였을 뿐 주제가 없었다. 회식 자리의 잡담이 아닌 다음에야 스피치에는 반드시 주제가 필요하다.

마에다가 소개한 에피소드도 조금만 손을 보면 주제가 담긴 스피치로 재탄생시킬 수 있다.

'중년 여성이 말을 잘못 알아들었다'는 점에 착안해 말이 상대에게 제대로 전달되지 않아 오해를 사는 경우를 주제로 다음처럼 재구성할 수 있다.

"중년 여성은 프리라이터를 프리터로 잘못 알아들은 것입니다. 그 말을 듣고 저는 웃음이 터져 하마터면 음식을 내뿜을 뻔했습니다. 여러

분, 하지만 이 우스갯소리는 남의 일이 아닙니다. 생각해보면 우리의 업무 현장에서도 이와 비슷한 일이 매일같이 벌어지지 않습니까? 자신이 말한 내용은 의외로 상대방에게 제대로 전달되지 않습니다. 그 사실을 전제로 상대가 이해하고 있는지를 매 순간 확인하면서 신중하게 대화를 진행해야 합니다."

그저 그런 우스갯소리가 주제를 명확히 한 덕에 교훈이 담긴 훌륭한 스피치로 변신한 것이다. 프레젠테이션이나 고객에게 상품을 설명할 때, 상사에게 보고할 때, 회의에서 발언할 때와 같이 다양한 현장에서도 적용시킬 수 있다. 평소부터 주제를 정하고 이야기하는 습관을 들이자.

주제는 이야기에서 건축물의 기둥과 같다. 기둥이 없다면 콘크리트 벽을 쌓을 수 없고 건축물 자체를 완성할 수 없다. 이야기의 주제, 즉 기둥만 잘 세우면 내용의 90퍼센트가 완성된 셈이다.

전하고 싶은 주제가 명확해지면 나머지는 그에 걸맞은 이야깃거리로 구성하면 된다. 그러면 주제는 어떻게 작성해야 할까?

핵심은, 한 줄로 짧게 요약하는 것이다.

20자 정도의 짧은 문장으로 만들면 내용이 압축되어 상대도 쉽게 이해할 수 있다. 문장이 그보다 길다면 아직까지 주제가 명확히 정해지지 않았다는 증거다. 주제가 길면 무엇을 말하고자 하는지 분명하지 않아 상대가 이야기를 제대로 이해하기 어렵다. 효과적인 주제 작성의 형식으로는 '~하면 ~한다'를 들 수 있다.

다음의 예시를 살펴보자.

"말을 잘하게 되면 실적이 오른다."

"성실한 인사는 인간관계의 기본이다."

"올바른 경어 습관을 익히면 상대의 신뢰를 얻는다."

이런 형식으로 짧게 정리하면 전달하고자 하는 내용, 즉 무엇이 문제점이고 또 그 해결책은 무엇인지를 쉽게 알 수 있다.

예를 들어 '말을 잘하게 되면 실적이 오른다'라는 주제를 보면, 문제는 실적이 오르지 않는 것이고 해결책은 말을 잘하는 것이다. 주제만 정해진다면 이야기는 완성된 것이나 다름없다. 말하고자 하는 내용의 문제점과 해결책을 차분히 생각하면서 주제를 작성해보자.

일 잘하는 사람들의 대화 스킬

"이 이야기를 듣고 어떤 생각이 드셨나요?"
"제가 말하고자 하는 핵심은 바로 '소통'입니다."
"지금 소개할 상품을 한 마디로 표현하면 ㅇㅇ입니다."

그저 무의미한 우스갯소리를 듣기 위해 당신에게 시간을 할애할 사람은 거의 없다. 사소한 이야기라도 그 안에는 당신이 전달하고자 하는 주제와 목적이 담겨야 한다. 주제와 목적이 없는 이야기는 자신도 모르게 길어질 뿐만 아니라 듣는 사람에게도 지루하기 짝이 없다. '대체 이 이야기를 내게 왜 하는 거지?' 하고 생각할 것이다.

회의실에서 영업 전략회의가 한창이다. 올해 초 야심만만하게 출시한 신제품의 매출이 부진하자, 회사 차원에서 특별 대책을 검토하기 위해 관련 부서 직원들이 총동원되었다. 다들 한 마디씩 꺼냈지만 회의를 주재하는 상무는 영 신통치 않은 눈치다.

"뭐 좀 획기적인 아이디어가 없을까? 영업부 의견은 어때? 마에다, 자네 무슨 좋은 생각 없나?"

"글쎄요, 이번 기회에 우리 회사도 SNS를 활용한 입소문 마케팅을 검토해보면 어떨까요?"

"SNS라…… 그래, 우리도 SNS를 도입해야 되겠지?"

"네, 적극적으로 활용해야 한다고 생각합니다."

“그런데 마에다, 그 SNS란 걸 어떻게 우리 비즈니스에 응용할 수 있는지 감이 잡히지 않는단 말이야. 좀 구체적으로 알려줄 수 있겠나?”

“네, 알겠습니다!”

마에다는 자신 있게 대답하고는 태블릿 PC를 조작해서 화면을 보며 설명하기 시작했다.

“SNS란 소셜 네트워킹 서비스의 약칭으로 인터넷 상의 교류를 통해 사회적인 네트워크를 구축하는 서비스를 말합니다.”

“그 정도야 알지. 그래서 어떻게 할 수 있다는 건데?”

상무는 조금 신경질적인 표정으로 재촉했지만 PC를 조작하던 마에다는 눈치 채지 못하고 설명을 계속했다.

“SNS 비즈니스 모델은 크게 광고 수입, 유저 과금, 타사 사이트 유도와 연동 모델로 나눌 수 있습니다.”

“그러니까 그런 설명은 어차피 위키피디아인지 뭔지에 다 나오잖아. 내가 알고 싶은 건 그 SNS를 어떻게 우리 제품 홍보에 이용할 수 있는가야.”

“아, 네. 그건…….”

태블릿을 조작하는 손이 바빠지면서 마에다의 이마에는 진땀이 흐르기 시작했다.

“당장은 좀 찾기가…… 시간을 좀 주시면.”

“마에다, 난 인터넷에 떠돌아다니는 정보를 알고 싶은 게 아니라 자네 의견을 듣고 싶었던 거야. 뭐, 됐네. 누구 달리 설명할 사람 없나?”

마에다는 회의실 천정을 올려다보며 중얼거렸다.

“모처럼 좋은 아이디어가 떠올랐는데, 도대체 뭐가 잘못된 거야?”

앞서 주제는 건축물의 기둥과 같다고 했다. 주제가 기둥이라면 그 기둥 사이를 메울 콘크리트나 벽돌이 있어야 건축물을 완성할 수 있다. 이때 콘크리트와 벽돌이 바로 이야깃거리, 즉 사례다. 주제에 대해서는 사람마다 의견이 다를 수 있다.

잘 아는 물과 물 컵의 비유처럼 컵에 물이 반이 들어 있을 때 어떤 이는 '반이나 남았다'고 생각하고 또 다른 사람은 '반밖에 남지 않았다'고 생각한다. 이 이야기는 같은 상황을 보더라도 사람마다 각기 다른 생각을 할 수 있다는 것을 보여준다.

가령, '업무 의욕'이 주제라고 해보자. 상사는 부하가 좀 더 의욕적으로 일해야 한다고 생각할 것이다. 반면 부하는 상사가 자신들의 의욕을 북돋아주어야 한다고 생각할 수 있다. 그러므로 알맞은 사례를 덧붙여 주제에 설득력을 더해 주어야 한다.

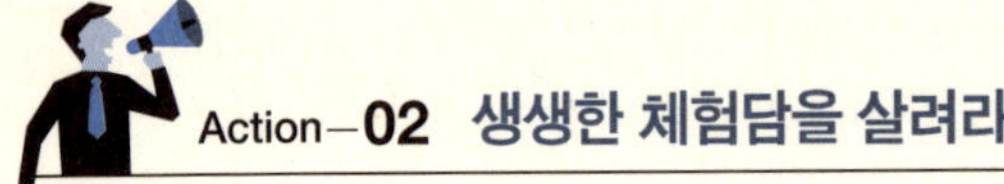

이때 사례는 가능한 구체적일수록 좋다. 예를 들어 '큰 공'이라고 했을 때 상대에 따라 떠올리는 공의 크기가 다르다. 직경 15센티미터의 작은 공을 생각하는 사람도 있고, 30센티나 되는 농구공을 떠올리는 사람도 있을 것이다. 그때 구체적으로 '축구공 만한 크기'라고 하면 모두 정확하게 이해할 수 있다.

비즈니스 커뮤니케이션에서는 구체적인 사례로 이야기에 설득력을 더하는 것이 기본이다. 자신이 경험한 이야기는 당연히 인물이나 풍경, 상황, 그리고 심리 상태까지 생생하게 묘사할 수 있다. 마치 현장에 있는 듯 이야기한다면 이미지를 떠올리기 쉽고 보다 집중해서 들을 수 있다.

앞서 마에다는 인터넷의 정보를 그대로 '읽기만' 했을 뿐이다. 그럴 때 구체적인 체험담을 덧붙인다면 자신의 의견을 정확히 전달할 수 있었을 것이다.

예를 들어 다음과 같은 체험담으로 SNS의 장점을 전달할 수 있다.

"제 친구는 페이스북에 자기가 먹고 맛있다고 생각한 과자를 자주 올립니다. 과자의 특색을 설명하는 문장이 꽤 재미있어서 그 친구를 팔로우하는 사람들은 자주 그 과자를 사 먹지요. 저도 몇 번 사 먹은 적이 있고요. 홍보성 글이 아니라 친구가 직접 쓴 글이니까 더 신뢰할 수 있습니다. 우리 회사도 화젯거리가 될 만한 캠페인을 SNS 상에서 적극적으로 펼치면 입소문 효과를 기대할 수 있습니다."

체험담은 가능한 다양한 각도에서 이야기하면 효과적이다. 자신은 분명히 말했다고 생각하지만 상대는 전혀 알아듣지 못할 수도 있기 때문이다. 이야기는 한 번에 전달되기 어려우므로 여러 각도에서 재구성해 되풀이해서 말해야 한다.

체험담은 자신의 이야기를 스스로 편집할 수 있기 때문에 편리하다. 내가 직접 체험했으니 상세하게 묘사할 수 있고 반대로 생략해서 가볍게 요약할 수도 있다. 등장 인물도 마음대로 바꿀 수 있다.

이처럼 주제를 설명하기에는 무엇보다 자신의 성공담이 안성맞춤이다. 단, 한 가지 주의해야 할 점이 있다. 너무 있는 그대로 이야기하면 자칫 자랑하는 것처럼 들릴 수 있다. 그럴 때는 친구와 같이 제3자로 주어를 바꾸어서 이야기하면 된다.

**일 잘하는 사람들의
대화 스킬**

"저는 조금 다른 관점에서 생각해봤는데요."
"아는 사람 중에 이와 비슷한 케이스가 있습니다."
"제가 말한 '변화'는 이런 것입니다. 예를 들어……."

경험과 사례는 상대가 나의 이야기를 이해하고 공감하는 데 중요한 역할을 한다. 단순히 내 주장을 말하는 것보다 구체적인 예시를 들어 머릿속에 상황을 그려보게 하면 상대는 당신의 이야기에 더 쉽게 설득당할 것이다. '저 친구는 참 말을 잘 하는군.' 하고 생각하게 만드는 가장 탁월한 비법은 자신의 생생한 경험담을 꺼내 이야기를 풍성하게 만드는 것임을 기억하자.

"객관적인 근거나 데이터가 있나?"
"제 느낌에 이 아이템은 확실하다니까요!"

또다시 회의에 참석한 마에다. 오늘은 기획부와 영업부가 함께 신제품의 아이디어를 교환하는 회의다.

"시장의 최근 동향을 반영한다면 어떤 아이디어가 있을까요?"

진행자가 묻자, 마에다는 기세 좋게 손을 들었다.

"네, 마에다 씨. 말씀하시죠."

"제가 제안하고 싶은 것은 만화 캐릭터를 이용한 쿠키입니다."

"인기 캐릭터라면 제품 홍보에도 도움이 되겠군요. 그래, 어떤 캐릭터인가요?"

흥미를 보인 것은 개발부의 에이스 요코야마였다.

"네, 요즘 인기를 끌고 있는 〇〇〇입니다."

순간 회의실은 물을 끼얹은 듯 조용해졌다. 그리고는 다들 수군대기 시작했다.

"○○○라니 들은 적이 없는데, 다른 분들은 알고 있나요?"

다른 참석자들도 고개를 갸웃거릴 뿐이었다. 하지만 마에다는 기세를 늦추지 않았다.

"다들 모르십니까? 요즘 대박이 난 웹툰 캐릭터입니다. ○○○라는 웹툰 다들 안 보세요?"

요코야마가 조심스레 물었다.

"정말 인기가 있나요? 지명도가 어느 정도입니까?"

"그게, 아직은 웹툰 구독자들 사이에서만 인기를 끌고 있는데, 조금만 지나면 대박이 날 겁니다."

"말씀은 그렇지만, 무슨 근거라도 있나요?"

"제 촉은 확실합니다. ○○○도 오래 전부터 눈여겨보았는데, 지금은 어엿이 TV 방송까지 진출해서 인기를 끌고 있지 않습니까. 이번 ○○○도 분명히 인기가 폭발할 겁니다."

요코야마를 비롯해 참석자들의 절반은 체념한 듯 입을 다물었지만, 당사자인 마에다는 점점 더 설명에 열을 올렸다.

"이런 캐릭터는 인기를 끌기 전에 계약을 해두어야 합니다. 유명해지기 전인 지금이 기회죠. 다른 회사에서 먼저 손을 대면 큰일입니다."

침묵이 이어졌다.

"부탁드립니다. 제 촉을 한 번 믿어주십시오!"

마에다는 고개를 숙이며 호소했지만 아무도 입을 열지 않았다.

난처한 분위기를 견디다 못한 진행자가 먼저 입을 열었다.

"마에다 씨, 귀중한 의견 고맙습니다. 참고하도록 하지요. 또 다른 분은 의견 없으십니까?"

그제야 마에다도 자신의 의견이 무시되었다는 사실을 눈치 챈 듯하다. 마에다는 속상한 듯 중얼거렸다.

"비장의 아이디어였는데, 도대체 뭐가 잘못된 거야?"

야심차게 준비한 기획일수록 상대가 알아주기를 바라는 마음이 간절해진다. 그런 열정은 상대를 움직이는 힘이 될 수도 있지만 감정만 앞세우면 역효과가 날 위험도 있다.

"이번 기획은 절대 성공할 자신이 있습니다!"

"반드시 히트를 칠 겁니다!"

"만일 실패한다면 보너스는 포기하겠습니다!"

아무리 상대의 감정에 호소해봤자 객관적인 근거 없이 상대를 설득시키기는 어렵다. 더군다나 매우 중요한 사안이라면 그 결정이 회사의 장래를 좌지우지할 수도 있지 않은가.

'그렇게까지 자신 있다면 이번에는 맡겨보겠다'고 할 만큼 용감한 상사는 어디에도 없다. 부하 직원의 근거 없는 감정에 휩쓸려 중요한 결정을 내릴 수는 없기 때문이다. 그런 입장의 상사를 움직이려면 감정에 호소하는 것만으로는 불충분하다.

무엇을 주장할 때 절대로 감정에 기대지 마라.
다수를 설득하려면 근거가 필요하다.
이것은 무엇보다 강력한 무기다.

마에다는 만화 캐릭터의 활용을 주장했는데 이유나 효과에 대해 객관적인 근거를 대지 못하고 자신의 촉만 거듭 강조했다. 만일 그가 다음과 같이 근거와 자료를 제시하면서 설득했다면 이야기는 달라졌을지 모른다.

"우리 회사의 주요 고객층인 30대가 애독하는 웹툰 인기 투표에서 5위를 차지했습니다."

"○○○ 캐릭터를 이용한 이모티콘이 SNS 상에서 활발하게 사용되고 있습니다."

"○○○가 등장하는 웹툰이 곧 TV 프로그램으로 제작될 예정이라고 합니다."

이렇게 이야기했다면 아마 회의 결과는 전혀 달라졌을 것이다.

감정을 앞세우지 않고 논리적으로 설명하고자 할 때는 삼각논법을 쓰면 편리하다. 여기서 삼각이란 주장과 자료, 그리고 이유를 말한다. 자신의 주장을 자료와 이유로 뒷받침하면 당신의 이야기는 상대에게 전달되기 훨씬 쉬워진다.

예를 들어 외출할 때 우산을 가져가라고 하는데 상대는 지금 날씨가 맑으니 괜찮다고 한다. 상대를 설득하려면 근거를 제시해야 하는데 그때 삼각논법을 쓰면 효과적이다.

- 주장 : 오늘은 우산을 가지고 나가는 게 좋다.
- 자료 : 기상청의 일기예보에 따르면 오늘 저녁에 비올 확률은 80퍼센트다.
- 이유 : 기상청의 일기예보는 믿을 수 있다.

이렇게 말하면 상대는 '귀찮지만 오늘은 우산을 가지고 나가야겠다'고 판단할 것이다. 스스로 감정에 치우치는 성향이 있다면 주장의 이유는 무엇이고 근거가 되는 자료는 있는지 묻고 답해보자.

감정적인 사람은 타인과의 커뮤니케이션에서도 쉽게 화를 내거나 초조해 하는 등 감정에 지배되기 쉽다. 상대와 대화를 하다가 문득 자신이 감정에 휩싸였다고 느껴지면 제3자의 시각으로 스스로를 바라보자. 한발 떨어져 나의 상황이나 심경을 객관적으로 살피는 것이다.

가령, 많은 이들이 프레젠테이션 도중에 날카로운 지적이나 질문이 이어져 악전고투하곤 한다. 그들 대부분이 눈앞에 닥친 상황을 처리하느라 당황하며 허둥거린다.

**감정에 지배 당할 것 같은 순간,
스스로에게서 한 발 물러나라.
자신을 제3자의 시각으로 바라보라.**

그리고 "지금 무엇이 문제인가?", "해결책은 있는가?" 하고 자문자답하면 조금 더 냉정하게 판단할 수 있다. 어려운 상황을 헤쳐 나갈 수 있는 길을 찾을 수 있음은 물론이다.

일 잘하는 사람들의
대화 스킬

"최근 젊은이들 사이에서 이것이 선풍적인 인기를 끌고 있습니다."

"자료에 따르면 요즘 사람들의 최대 관심사는 ○○○ 이라고 합니다."

"이 기획의 성공을 자신하는 데는 몇 가지 이유가 있습니다.

'촉'은 누구에게나 있다. 단순히 느낌만으로 회사의 중요한 안건에 대해 주장하는 것은 감정적이며 무책임한 사람으로 비춰질 우려가 있다. 상대에게도 전혀 감흥을 주지 못 한다. 어떤 것을 주장하거나 제안해야 할 때 '제가 이렇게 생각하는 이유는…….' 이라는 말로 의견을 보충하는 것이 좋다.

"이번 상품의 PV 현황은 제법 좋은 편입니다."
"네? 그게 무슨 말이죠?"

마에다는 오늘 백화점에서 진행하는 초콜릿과 과자 행사에 참석했다. 현장에서 고객과 직접 대면하면서 제품 설명과 함께 회사 홍보를 할 생각이다.

"좋아, 힘내자고!" 하며 기합 소리를 넣는 마에다 옆에서 후배 사카이가 한마디 건넨다.

"선배님, 오늘 분위기 좋으신데요?"

"응, 고객에게 직접 판매할 기회는 거의 없으니까. 힘내서 한 번 팔아보자고!"

얼마 지나지 않아 한 고객이 마에다에게 말을 걸었다.

"저, 이 초콜릿 맛있어 보이는데 무슨 초콜릿이죠?"

"이건 가나슈 부분이 맛있습니다."

"가나슈가 뭐죠?"

"어, 그게. 가나슈가 가나슈인데요."

"초콜릿 원료 이름 같은 건가요?"

"아닙니다. 그게 아니라 뭐라고 할까요, 다른 초콜릿보다 부드럽다고 할까요?"

옆에서 보다 못한 사카이가 말을 가로챘다.

"고객님, 가나슈란 초콜릿과 생크림을 함께 녹여서 만든 걸 말합니다. 다른 초콜릿과 달리 입 안에서 살살 녹는 느낌이 일품이지요."

"그렇군요."

"고객님, 생초콜릿 드셔본 적이 있으신가요?"

"네, 참 맛있지요."

"그러시군요. 가나슈는 생초콜릿과 식감이나 풍미가 굉장히 비슷해 생초콜릿을 좋아하시는 손님께는 특별히 추천해드리고 있습니다."

"그래요? 그럼 하나 사서 맛볼까요?"

"고맙습니다!"

후배에게 고객을 빼앗긴 듯한 마에다는 심기가 영 편치 않다. 실패를 만회할 생각인지 포장한 상품을 고객에게 건네며 힘차게 인사했다.

"감사합니다. 또 찾아주십시오!"

그러자 고객이 말했다.

"고마워요. 당신도 저 선배님처럼 되려면 상품에 대해 좀 더 공부해야겠네요. 힘내세요."

충격을 받은 마에다는 고개를 떨군 채 중얼거렸다.

"선배는 난데, 도대체 뭐가 잘못된 거야?"

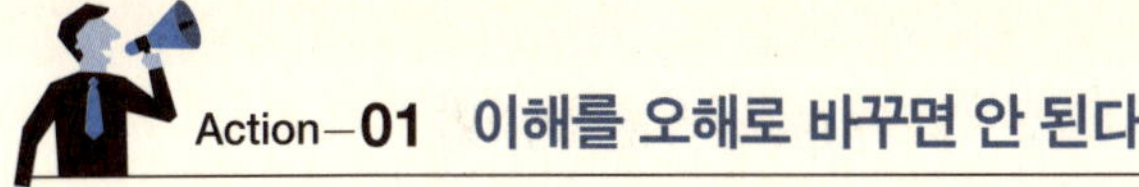

직장에서 연차가 올라가면 업무에 대한 전문적 지식은 당연히 확대된다. 지식의 축적과 심화는 본인에게는 바람직한 변화이지만, 일반인을 대상으로 하는 커뮤니케이션에서는 자칫 오해를 부를 수 있다. 상대가 나와 같은 수준의 지식을 갖추고 있다는 전제 아래 전문 용어를 사용하며 이야기하기 때문이다. 특히 경력이 짧은 사람일수록 전문가 포스를 과시하려는 경향이 있다.

익숙하지 않은 전문 용어로 설명하면 상대는 당연히 이해할 수 없다. 자칫 이해가 아니라 '이 사람이 지금 나를 무시하는 건가?' 하고 오해를 하게 된다. 한 번 기분이 상했다면 그 후 어떤 설명도 귀에 들어오지 않을 것이다. 전문가라면 어려운 내용도 일반인이 쉽게 이해할 수 있도록 자세히 설명할 수 있어야 한다.

작가 이노우에 히사시는 다음과 같은 말을 좌우명으로 삼았다.

'어려운 것을 쉽게,
쉬운 것을 깊게,
깊은 것을 재미있게.'

이런 노력을 한 뒤에야 비로소 독자가 자신의 작품을 읽어줄 수 있다고 생각한 것이다. 커뮤니케이션을 통해 상대를 움직이려면 반드시 본받아야 할 자세다.

업계 사람이나 전문가들 사이에서만 통용되는 용어를 쓴다면 재미는커녕 무시당하는 느낌을 줄 수 있다. 한 중년의 주부가 싸고 기능이 단순한 컴퓨터를 사려고 컴퓨터 매장을 찾았다. 컴퓨터를 한 번도 쓴 적이 없다는 그녀에게 직원은 어떻게 상품의 특징을 설명하면서 구입을 유도할 수 있을까?

CPU니 RAM과 같은 전문 용어는 당연히 소용이 없다. 그녀가 가장 잘 이해할 수 있는 예로 설명해야 한다. 예를 들어 하드웨어와 소프트웨어의 차이는 조리 기구와 식재료에 비유할 수 있다. 소프트웨어는 식재료, 하드웨어는 냄비, 프라이팬 같은 조리 기구다. 식재료가 없으면 요리를 할 수 없듯이, 소프트웨어가 없는 컴퓨터는 빈 냄비나 프라이팬에 불과하다.

업무 현장에서는 해당 분야에 대한 지식 수준이 다른 상대에게 설명해야 할 경우가 많다. 판매 사원과 고객, 영업부와 제조부, 관리 부문과 현장 부문, 경영진과 직원, 고참과 신참 사원 등 말이다. 본인이 익숙한 용어가 아니라 상대가 알기 쉽도록 설명하려고 애쓴다면 훨씬 더 효과적인 커뮤니케이션이 가능해진다.

물론 업계 사람에게 이런 태도는 이야기가 장황하다거나 오히려 상대를 무시한다는 인상을 줄 수 있다. 따라서 상대의 수준을 먼저 가

늘해야 하는데 다음과 같은 표현을 써서 자연스럽게 확인할 수 있다.

"○○○에 대해 알고 계십니까?"
"지금까지 설명은 이해하셨습니까?"
"궁금하신 사항은 없으십니까?"

조금만 신경 쓰면 상대의 기분을 상하지 않게 하면서 커뮤니케이션을 원활히 이어갈 수 있다.

늘 사용하던 전문 용어나 표현이 아니라 상대가 이해하기 쉬운 예로 바꾸어 설명하기는 쉽지 않다. 평소부터 다음과 같은 노력이 필요하다.

첫째는 '문제의식'이다. 연수나 강의를 준비할 때면 늘 도입 부분에서 청중의 관심을 끌 만한 소재가 없을까 고민한다. 영업 사원을 대상으로 하는 연수라면 도착하기 전까지 적당한 소재를 찾으려고 안테나를 세운다. 그러다 보면 거리를 걷는 영업 사원의 모습이나 상점의 간판 등에서 참신한 아이디어를 찾아낼 수 있다.

둘째는 '다시 보기'다. 한 번 읽은 책도 시간을 두고 다시 읽으면 새로운 발견이 있듯이 지금까지 설명해온 사례들을 다시 되짚다 보면 또다른 힌트를 얻을 수 있다. 등장인물이나 업종, 직업을 바꾸기만 해도 전혀 새로운 사례로 활용할 수 있는 것이다.

**일 잘하는 사람들의
대화 스킬**

"제 설명에 궁금하신 점이 있으신가요?"
"혹시 ○○○에 관해 알고 있으신가요?"
"이렇게 생각하면 훨씬 이해하기 쉬우실 겁니다."

'이 사람과의 대화는 참 편안해' 하는 생각이 드는 때가 있는가 하면 '이 사람과의 대화는 어딘가 모르게 불편해' 하는 느낌을 받을 때도 있다. 둘은 무엇이 다를까? 핵심은 대화의 '눈높이'다. 커뮤니케이션에 능숙한 사람은 상대에 따라 그에 맞는 수준의 어휘를 구사한다. 상대가 내 이야기를 이해하는지 계속해서 체크하며 대화를 이어나가는 것이다. 알아듣기 어려운 이야기만 계속하는 사람에게 반감을 가지지 않을 사람은 없다.

"제 생각에는 이렇게 하면 성공할 것 같아요."
"이봐, 그건 말도 안 되는 억지야."

발렌타인 시즌을 대비해 영업부에서는 판촉 행사를 검토하는 회의가 열렸다. 후배 사카이가 먼저 아이디어를 설명했다.

"고객이 구입한 초콜릿에 즉석에서 메시지를 써드리면 어떨까요? 상대를 향한 마음을 초콜릿 소스로 새겨드리는 겁니다. 받는 사람은 자신만을 위한 특별한 느낌이 들어 분명히 기뻐할 겁니다."

그때 "잠깐만." 하면서 마에다가 끼어들었다.

"사카이, 그 아이디어는 별로 좋지 않아. 생각 좀 해봐. 지난 5년 동안 발렌타인데이에 연인이나 마음에 둔 사람에게 초콜릿을 선물하는 비율이 30퍼센트나 줄었다고. 그 정도 자료는 미리 확인했어야지. 게다가 메시지를 새기는 비용까지 가격에 반영될 텐데 다른 초콜릿보다 비싸면 고객들이 외면할 게 분명해."

"말씀하신 통계 자료는 이미 확인했습니다. 다만 이런 특별 서비스에 대한 수요는 있다고 생각합니다. 저부터도 그런 메시지가 담긴 초콜릿을 선물 받는다면 굉장히 기쁠 것 같거든요."

"그러니까 내 말은 발렌타인데이 시장 규모가 조금씩 줄어들고 있다니까. 남들 다 하는 그런 날 고백하는 건 이제 촌스럽다고 생각한다고. 지금은 가볍게 친구나 지인, 가족에게 선물하는 초콜릿 매출이 매년 20퍼센트 이상 상승하고 있으니까 그쪽을 노려야 해."

마에다가 차갑게 쏘아붙였지만 사카이도 물러서지 않았다.

"메시지를 전하고 싶은 상대는 연인만이 아닙니다. 친구나 가족에게 평소 쑥스러워 말하지 못하던 감사의 마음을 전하고 싶은 사람도 많다고 생각합니다."

"그러니까 사카이, 고집도 어지간하네. 그런 감정론만으로는 안 된다고. 그렇게 자신이 있다면 어디 근거를 제시해 봐. 근거가 없으면 듣는 사람도 납득하기 어렵지."

마에다가 몰아붙이자 사카이는 분한 심정을 억누르려고 필사적이었다. 둘의 갑론을박을 지켜보던 부장이 입을 열었다.

"사카이의 아이디어도 한 번 생각해볼 만한데 그래. 마에다, 그렇게 말한다면 무슨 다른 아이디어라도 있나?"

마에다는 기다렸다는 듯이 설명을 시작했다.

"우리 회사의 발렌타인 관련 상품 매출은 지난 5년간 매년 10퍼센트씩 떨어지고 있습니다. 이제는 성장 가능성이 낮은 발렌타인 관련 이벤트는 과감히 접고 다른 상품에 인력과 예산을 투입해야 한다고 생각합니다."

마에다의 말을 들은 부장은 불같이 화를 냈다.

"뭐야? 자네 지금 우리가 무엇 때문에 모였다고 생각하는가? 영업부 전원이 머리를 맞대고 어떻게 하면 발렌타인 분위기를 살려서 매출을 올릴까 고심하고 있는데……. 그렇게 찬물을 끼얹을 생각이면 이제 회의에 나오지 않아도 좋네!"

마에다는 난감한 표정을 지으며 생각했다.

'논리적으로 생각하려고 했을 뿐인데, 도대체 뭐가 잘못된 거지?'

'A=B, B=C, 그러므로 A=C다.'

비즈니스에서 이런 논리적 사고와 대화법은 강력한 무기가 될 수 있다. 논리적인 체계와 정확한 근거로 상대를 납득시키고 움직일 수 있기 때문이다. 하지만 그 정도가 지나치면 문제가 된다.

논리만 따지며 의견을 반박하면 반감을 사서 설득은커녕 상대는 당신의 이야기를 듣지 않게 될지도 모른다. 상대의 주장을 논리적으로 따지는 행동은 결국 '당신이 틀렸다'고 말하는 것이나 마찬가지이기 때문이다.

회의에서 마에다가 취한 태도가 바로 그런 전형적인 예다. 사람은 감정의 동물이다. 아무리 옳은 소리라도 감정이 움직이지 않으면 결코 행동으로 옮길 수 없다.

설득하고 싶은 상대가 있는가?
그렇다면 논리와 감정의 균형을 맞춰라.

과유불급이라는 말처럼 무슨 일이든 균형감각이 중요하다. 비즈니스도 마찬가지다. 어떤 기획이든 '절대로 실패한다'거나 '반드시 성공한다'고 단정할 수 없다. 논리적인 관점에서는 완벽하게 성공을 확신했는데, 막상 뚜껑을 열어보니 실패로 끝나는 일이 적지 않고 그 반대 상황 또한 심심치 않게 벌어진다.

　대기업 경영자 중에는 성공 가능성이 반반이면 망설이지 말고 실행
하라는 사람이 있다. 성공할 확률이 적은데도 진행하라는 사인을 내
리는 경영자도 있다. 논리 하나만으로 설명할 수 없는 것이 비즈니스
의 현실이다. 때로는 논리를 넘어선 열정이 사람을 움직이고 성공으
로 이끈다.

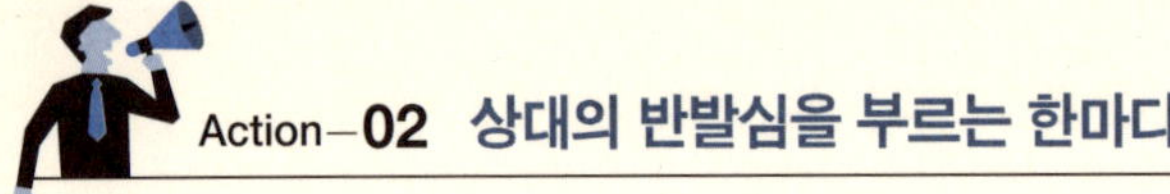

어떤 표현들은 상대의 반발심을 키울 수 있으므로 주의해야 한다.
예를 들어 이런 말들이다.

'그러니까'
'따라서'

이들은 원래 순접 접속사로 앞뒤 문맥을 논리적으로 이해하기 쉽게
만드는 표현이지만, 상황에 따라서는 상대의 화를 돋우어 완고한 태도
를 취하게 만든다. 가령, 이런 사용법은 금물이다.

"그러니까 제 말이 맞다는 것 아닙니까?"

"따라서 유감스럽지만 자료를 보았을 때 실패 가능성이 높은 점은
확실하네요."

자신의 의견을 주장할 때 이런 표현을 쓰면 자칫 '내 말이 맞다고 몇
번이나 말했는데 상대가 알아듣지 못한다'는 뉘앙스를 풍기게 된다.
또 논리를 내세워 공격하는 느낌이 들기 때문에 듣는 사람은 기분이
좋을 리 없다. 이런 표현은 상대에게 반발심을 들게 하고 상대를 움직
일 수 있다고 해도 의욕은 전혀 없는 상태일 뿐이다.

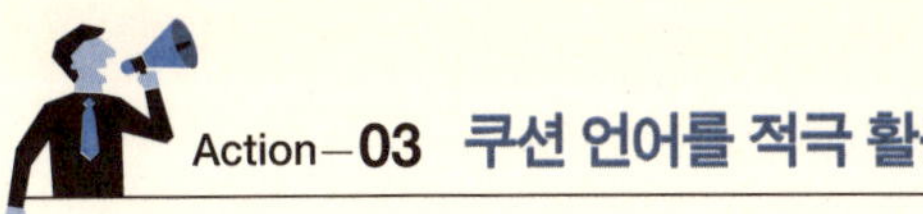

Action─03 쿠션 언어를 적극 활용하라

상대에게 무언가 설명하거나 자신의 의견을 주장할 때는 지나치게 논리적이 되지 않도록 신경 써야 한다. 논리적으로 '이것은 ○○니까 XX다', '이럴 경우는 ○○○ 하는 것이 당연하다'는 식으로 단정하듯 말하면 듣는 사람으로서는 강요당하는 기분이 들거나 무시당한다고 느낄 수 있다.

그럴 때는 다음처럼 쿠션이 되는 표현을 사용하면 좋다.

"○○이라는 사실은 제가 말하지 않아도 이미 알고 계시리라 생각합니다만."

"요즘 ○○이 대세인 것이야 이미 알고 계시지요?"

이런 쿠션 표현은 상대에게 강요하는 느낌을 주지 않으면서 자연스럽게 자신의 의견을 주장할 수 있다. 회의나 협상 테이블에서도 효과적으로 활용할 수 있는 대화의 기술이다.

일 잘하는 사람들의 대화 스킬

"혹시 ○○○의 문제점에 대해 고려해보신 적이 있나요?"
"이미 알고 계시겠지만, ○○○은 ○○○한 점에서 리스크가 있습니다."
"최근 관련된 자료를 보았는데요, 이런 가능성은 없을까요?"

회사에서 자신의 능력을 인정받고자 하는 욕망이 너무 지나친 나머지 다른 사람의 의견을 묵살하는 경우를 종종 볼 수 있다. 반박 자체는 나쁜 것이 아니지만 그것이 상대의 기분을 나쁘게 했을 때는 이야기가 다르다. 쿠션 언어만 잘 활용해도 자신의 의견을 충분히 어필하면서 상대를 부드럽게 회유할 수 있다. 자기도 모르게 습관적으로 상대를 무시하고 있지는 않은지 체크해보자.

"이제 슬슬 본론으로 들어가겠습니다."
"그럼 지금까지 한 말은 대체 뭐야?"

저녁 8시 영업부, 마에다는 아직도 책상 앞이다.

"마에다, 아직 안 끝났나? 난 슬슬 퇴근할 생각인데."

"아, 부장님. 내일 신제품 프레젠테이션이 있어서요. 상대가 전국 체인 편의점인 만큼 계약이 성사될 수 있도록 만반의 준비를 하고 있습니다."

"기대는 하지만 너무 무리하지는 말게."

"네, 자료만 좀 더 추가하고 퇴근하겠습니다."

"그래. 그럼, 내일 잘 부탁하네."

"네, 안녕히 들어가십시오!"

다음 날, 편의점 체인 본사의 회의실에서 납품하려는 회사 담당자들의 프레젠테이션이 이어지고 있다. 드디어 마에다의 순서, 주어진 시간은 15분이다.

"먼저 슬라이드를 봐주시기 바랍니다. 첫 페이지의 오른쪽 그래프를 보시면 편의점의 디저트 시장이 최근 급격한 기세로 확대되고 있다는 것을 알 수 있는데, 특히 20대 여성 고객층의 증가율이 확연히 눈에 띄고 있어서……."

10분 뒤.

"이제 슬슬 본론으로 들어가겠습니다. 오늘 소개해드릴 제품은 저희 회사가 최근 자신 있게 출시한 신제품 디저트로, 패션프루트를 풍부하게 사용했는데, 패션프루트란 미국 아열대 지역을 원산지로 하는 과일로……."

15분 뒤. 마에다의 프레젠테이션은 아직 끝날 기색이 없다. 준비한 슬라이드는 30장 중에서 아직 18장밖에 설명하지 못했다.

'큰일이다, 시간이 없다…….'

당황한 마에다는 점점 더 말이 빨라졌다. 편의점 측 담당자가 시계를 자꾸 힐끔거리는 것도 신경이 쓰여 더더욱 프레젠테이션에 집중할 수가 없다. 20분 뒤. 마에다는 결국 슬라이드를 전부 설명하지 못하고 마무리해야 했다.

"죄송합니다. 시간 관계상 뒷부분은 생략하고 여기서 마치도록 하겠습니다. 저희 회사 신제품 부디 잘 부탁드립니다."

황망하게 프레젠테이션을 마치고 자리로 돌아온 마에다는 고개를 들지 못하고 마음속으로 이렇게 한탄했다.

'슬라이드 준비는 완벽했는데, 도대체 뭐가 잘못된 거야?'

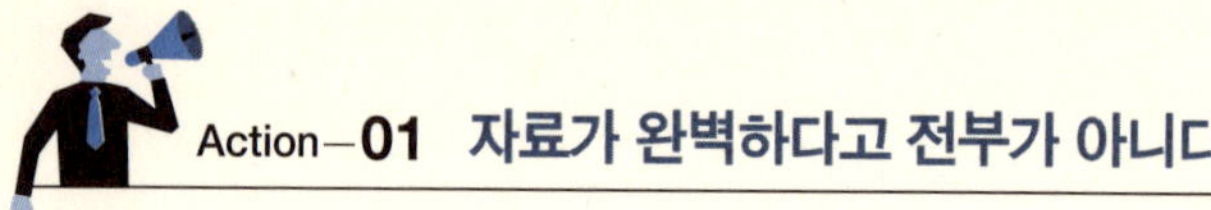

프레젠테이션의 목적은 발표자의 의도대로 듣는 사람을 움직여 계약을 성사시키거나 기획을 통과시키는 것이다. 프레젠테이션을 잘하는 사람은 내용 구성과 슬라이드 작성, 리허설과 같은 사전 준비에 빈틈이 없다. 하지만 내용이 아무리 뛰어나도 아무리 멋진 슬라이드를 만들어도, 상대가 들어주지 않으면 의미가 없다. 슬라이드가 완벽해도 그것만으로 사람을 움직일 수 없는 것이다.

프레젠테이션의 결과를 좌우하는 것은 결국 발표자의 말솜씨다. 그러나 유감스럽게도 뛰어난 콘텐츠를 작성하고도 말을 잘 못해서 평가를 제대로 받지 못하는 사람이 적지 않다. 사람들 앞에서 이야기를 잘하지 못하는 사람들이 의외로 많은 것이다.

말을 잘 못하는 사람들에게서 흔히 볼 수 있는 특징은 이야기에 강약이 없다는 것이다. 물 흐르듯 유창하게 말해야 한다고 생각하는 탓인지 처음부터 끝까지 같은 톤으로 담담하게 이야기를 이어간다. 그러다 보니 평소보다 말하는 속도가 빨라진다.

하지만 듣는 입장에서는 강약도 변화도 없는 발표는 자장가처럼 들린다. 당연히 내용도 귀에 들어오지 않고 지루해서 하품이 날 뿐이다. 마에다도 아무도 듣지 않는 프레젠테이션의 전형적인 예를 보여주었다.

"먼저 슬라이드를 봐주시기 바랍니다. 첫 페이지의 오른쪽 그래프를 보시면 편의점의 디저트 시장이 최근 급격한 기세로 확대되고 있다는 것을 알 수 있는데, 특히 20대 여성 고객층의 증가가 확연히 눈에 띄고 있어서…….”

들다 보면 강약도 리듬감도 없이 이야기가 이어지므로 듣기도 힘들고 무슨 말을 하는지 핵심을 이해하기도 어렵다. 이럴 때 짧은 문장 몇 개로 나누기만 해도 훨씬 듣기 쉽다.

“먼저 슬라이드를 봐주시기 바랍니다. 첫 페이지의 오른쪽 그래프에서 최근 편의점의 디저트 시장이 급격하게 확대되고 있다는 사실을 알 수 있습니다. 특히 20대 여성 고객층의 증가가 현저합니다.”

간결하고 짧은 문장으로 말하는 습관을 들이면 상대가 이해하기 쉽게 말할 수 있다. 동시에 문장과 문장 사이에 ‘그리고, 하지만, 그런데’와 같은 알맞은 접속사를 넣어 연결하면 이야기에 강약과 변화를 주어 듣는 사람이 더욱 알기 쉽다.

또 한 가지 주의해야 할 점이 있는데 문장을 확실하게 마치는 것이다. ‘○○○입니다. ○○○했습니다.’와 같이 한 문장 한 문장 모두 마침표를 찍어야 한다. ‘○○라서……, ○○○하지만……’처럼 끝을 내지 않고 얼버무리면 이야기에 강약도 없을 뿐더러 자신감이 없는 인상을 준다.

이야기에 강약과 변화를 주는 효과적인 방법은 간단하다. 그것은 바로 이야기와 이야기 사이에 간격을 두는 것이다. 일반적으로 막힘없이 유창한 프레젠테이션을 이상적으로 생각하지만 말을 잘하는 사람은 오히려 중간 중간에 간격을 둠으로써 내용 전체에 강약과 변화를 준다.

"아침에 일찍 일어나는 습관에는 세 가지 이점이 있습니다."

"첫째… (간격), 만원 전철을 타지 않아도 된다는 점입니다."

이렇게 1,2초라도 틈을 두면 이야기에 강약을 만들어 듣는 사람의 집중력을 높일 수 있다. 평소 말이 빠른 사람도 이 간격 두기를 효과적으로 활용할 수 있다.

**의도적으로 말에 간격을 두면
이어질 이야기에 탄력이 붙는다.
무슨 이야기를 할지 청중이 기대하기 때문이다.**

말이 끊어지는 침묵의 순간이 두렵다는 사람도 있지만 듣는 입장에서는 몇 초 정도의 간격은 그다지 신경 쓰이지 않는다. 오히려 숨 돌릴 틈 없이 달려 나가는 이야기가 듣는 사람을 지치게 하고 결과적으로 집중하지 못하게 한다.

간격 두기의 또 다른 방법으로 질문하기도 유용하다. 이야기가 적당히 끊어지는 순간에 청중을 향해 질문하는 것이다.

"여러분은 어떻게 생각하십니까?"

"지금까지 이야기 중에 혹시 궁금한 점은 없으십니까?"

간격 두기를 적절히 활용하면 활기 넘치는 프레젠테이션을 실현할 수 있다.

일 잘하는 사람들의 대화 스킬

"결국 이 상품의 핵심은 (간격) '공감'입니다."

"자, 이 이야기를 듣고 여러분은 어떤 생각을 하셨나요?"

"사람들은 편리함을 추구합니다. 하지만, 실용성도 중요하죠."

중요한 프로젝트나 계약을 앞두었다면 미리 준비한 자료의 문장을 다시 한 번 검토해보자. 최대한 짧은 문장으로 나누고, 중간 중간에 의도적인 간격을 두어 청중이 당신에게 집중하게 해보자. 어색하게 침묵이 생기는 순간에는 질문을 던져 말하기의 주체를 '나'에서 '너'로 바꾸는 것도 훌륭한 스킬이다.

"지금 제 이야기 듣고 계신가요?"
"아, 그럼요. 열심히 듣고 있습니다."

"아, 또 실패야."

마에다의 깊은 한숨에 옆자리의 사카이가 물었다.

"무슨 일 있으세요?"

"그게 말이야, 지난 번 신규 거래처에서 제품 프레젠테이션을 했는데 이번에는 계약이 어렵겠다고 연락이 와서."

"유감이네요."

"왜 이렇게 일이 안 풀리지? 프레젠테이션은 꽤 괜찮았는데. 슬라이드도 간단하게 요약했고."

"내용 말고 다른 곳에 문제가 있는지도 모르겠네요."

"내용 말고 뭐?"

순간 사카이가 '아차' 싶은 표정을 지었지만 마에다는 집요하게 물었다.

"내용 말고 뭐가 있다는 거야? 화내지 않을 테니까 구체적으로 좀 알려 줘. 또 실수하기 싫으니까."

"선배님 프레젠테이션을 보면 늘 신경 쓰이는 점이 있어서요."

"그러니까 그게 뭔데?"

"선배는 이야기할 때 상대를 잘 보지 않는 듯한 인상이 들어요. 프레젠테이션할 때도 계속 등을 돌리고 스크린만 보고 이야기하거든요."

"내가 그랬나?"

"그리고 스크린을 안 볼 때는 자료나 컴퓨터 화면을 내려다보면서 이야기를 하세요."

"아닌데, 난 사람들 눈을 똑바로 보면서 이야기하는데……."

"하아."

이번에는 사카이가 한숨을 쉬었다.

"지금도 그러시잖아요. 바로 옆에 앉은 저하고 이야기하는데도 컴퓨터 모니터만 보면서 저랑은 눈도 안 맞추시잖아요."

"어? 그랬나?"

당황한 마에다는 급히 사카이 쪽으로 몸을 돌렸지만 이미 때는 늦은 듯하다.

"선배님 생각해서 어렵사리 말을 꺼냈는데 별 도움이 안 되는 듯하네요."

그렇게 말하고 사카이는 자리를 뜨고 말았다. 후배의 뒷모습을 보면서 마에다는 깊은 한숨을 쉬었다.

나는 열심히 들었는데 도대체 뭐가 잘못된 거야?

프레젠테이션 현장에서는 마에다처럼 뒤에 있는 스크린을 보고 이야기를 하는 사람을 자주 본다. 그렇게 되면 청중을 향해 등을 돌리는 자세가 되어 좋지 않다.

또는 눈 앞의 자료나 컴퓨터 모니터를 바라보면서 프레젠테이션을 하는 사람도 적지 않다. 듣는 입장에서는 발표자의 그런 태도를 보면 '나한테 말하고 있는 건가?' 하는 의심이 들고 지루하고 따분해져서 집중하기 어려워진다. 프레젠테이션도 일종의 커뮤니케이션이다.

따라서 세 가지 원칙을 지켜야 한다.

첫째, 밝고 활기차게 인사를 건네라.

밝고 쾌활하게 인사하면 상대와의 거리를 단숨에 좁힐 수 있다. 프레젠테이션에서도 마찬가지다. 발표자가 청중을 향해 웃는 얼굴로 활기차게 인사하면서 시작하면 듣는 사람은 친근감을 느끼고 편안하게 이야기를 들을 수 있다.

둘째, 상대를 생각하라.

커뮤니케이션의 성공 여부는 결국 상대가 결정한다. 상대가 어떤 이야기를 듣고 싶어 하는지에 주의하면서 이야기를 전개하는 것이 중요하다.

마지막으로, 눈을 맞춰라.

의외로 대화 상대와 눈 맞추기를 쑥스러워하는 사람들이 적지 않다. 최근에는 태블릿 PC를 조작하면서 회의하는 경우가 많다.

그 편이 효율적일 수 있지만 미팅 중에 컴퓨터 화면만 보는 상대와 이야기하다 보면 '이 사람이 내 이야기를 제대로 듣고 있나' 하는 불안감이 든다.

대중을 상대로 하는 프레젠테이션에서도 듣는 사람과 눈을 맞추는 일이 중요하다. 발표자와 시선을 주고받으면서 상대는 '나에게 이야기한다'는 느낌이 들어 진지하게 듣고 프레젠테이션의 내용도 기억에 남을 수 있다.

반면 발표자의 시선이 불안하게 움직이면 차분하지 못한 인상을 준다. 쉽게 긴장하는 사람일수록 이런 상태에 빠지기 쉽다.

아이콘택트의 요령은 호의적으로 이야기를 들어줄 사람을 찾아 먼저 눈을 맞추는 것이다. 프레젠테이션 장소에 가면 고개를 끄덕이며 온화한 표정으로 이야기를 들어주는 사람 한두 명은 있게 마련이다.

단, 너무 한 사람만 바라보면 상대가 긴장하게 된다. 한 사람당 3초 정도 눈을 맞추고 이야기를 마무리하고 시선을 다음 사람에게 넘기면서 또 이야기를 시작하는 것이 이상적이다.

  내용을 충분히 숙지해서 자료를 보지 않고 발표할 수 있다면 더할 나위 없지만, 꼭 필요하다면 한 문장이 끝날 때는 반드시 자료에서 눈을 떼고 청중을 보는 것이 좋다.

프레젠테이션은 내용뿐 아니라 시각적인 인상도 매우 중요하다. 구부정한 자세로 연단에 기댄 채 이야기를 이어가는 사람과 등을 똑바로 펴고 제스처를 섞어 가며 당당하게 이야기하는 사람, 누구의 이야기가 더 설득력이 있겠는가? 당연히 후자가 더 신뢰가 가고 이 사람이라면 한 번 맡겨보고 싶다는 생각이 들 것이다.

개별적인 대화에서도 마찬가지다. 상사가 팔짱을 낀 채 서서 이야기한다면 부하 직원은 위압감을 느끼고 하고 싶은 말을 다 할 수 없다. 프레젠테이션에 임할 때에도 표정이나 복장은 물론 몸짓 하나에도 신경을 써야 한다.

‘듣는’ 대화 못지 않게 ‘보는’ 대화도 중요하다.
과도한 제스처는 주의력을 분산시키지만
적절한 몸짓은 프로페셔널한 분위기를 풍기게 해준다.

어렵게 생각할 필요는 없다. 이야기의 내용에 맞추어 자연스럽게 몸을 움직이면 된다.

가령, 주제의 세 가지 포인트에 대해 이야기할 때 손가락 세 개를 세우며 말한다든지 매출이 상승한다는 이야기를 할 때 팔을 사선으로 함께 올린다든지 하는 것 등이 바로 그것이다.

이처럼 약간의 움직임을 더하기만 해도 훨씬 더 효과적으로 내용을 전달할 수 있다. 프레젠테이션은 머리와 목소리뿐 아니라 온 몸을 사용해야 한다는 점을 기억하자.

**일 잘하는 사람들의
대화 스킬**

"안녕하세요! 귀한 시간에 여기까지 와주셔서 고맙습니다."
"(앞 사람과 눈을 맞추며) 여러분이 기억해야 할 것은 세 가지입니다."

생각보다 많은 사람이 대화할 때 상대와 눈을 맞추는 일에 어려움을 느낀다. 서양에 비해 동양인들이 특히 더하다. 상대의 눈을 똑바로 바라보는 것이 예의에 어긋난다고 여기기 때문이다. 하지만 커뮤니케이션, 특히 비즈니스 대화에서 '눈 맞춤'은 굉장히 중요한 요소다. 밝고 자신감 넘치는 눈빛이 때로는 열심히 준비한 자료나 듣기 좋은 목소리, 스마트한 외모보다 더 큰 힘을 발휘한다는 사실을 기억하자.

"이 안건에 대해 의견을 말해주세요."
"지난 회의 때 이미 끝난 이야기 아닌가요?"

오늘은 회사 홈페이지 활용 방안에 대해 전 부서가 참여하는 회의가 열렸다. 진행자로 나선 마에다가 이야기를 시작했다.

"이제는 우리도 회사 홈페이지를 적극 활용해야 할 텐데요. 어떤 방안이 있을지 기탄없이 아이디어를 발표해주시기 바랍니다."

후배 사카이가 손을 들었다.

"제가 한 말씀 드려도 좋을까요? 게시판을 보면 지방에 사는 고객들은 매장을 직접 찾기가 어려우니 인터넷 판매도 해달라는 의견이 많습니다. 그래서 회사의 홈페이지를 인터넷 쇼핑 사이트로 리뉴얼해서 활용하면 어떨까 싶습니다."

"좋은 생각이네요. 이 의견에 대해 다들 어떻게 생각하십니까?"

제조부의 이마이가 손을 들었다.

"인터넷 판매도 좋지만 저희 제조부에서는 우리 제품이 얼마나 정성 들여 만들어지는지 고객들이 알아 주셨으면 좋겠습니다. 제품에 대한 신뢰를 높일 수 있으니 매출에도 도움이 될 겁니다. 홈페이지를 제품 재료와 제조 공정을 홍보할 수 있는 사이트로 꾸미면 어떨까요?"

"그것도 좋은 생각이네요!"

결국 인터넷 판매와 제품 제조 과정 홍보라는 두 가지 안건으로 압축되었고 예정 시간이 다 되어서 마에다는 일단 회의를 마쳤다.

"오늘 유익한 의견이 많았습니다. 다들 수고 많으셨습니다."

일주일 뒤, 다시 회의가 열렸다.

"지난 회의에 이어 회사 홈페이지 활용에 대해 의논하고자 합니다. 이번에도 다양한 의견 부탁드립니다. 우선 사카이 씨부터 발표해주실까요?"

"어, 선배님. 저는 지난번에 인터넷 판매 사이트를 제안했는데요."

사카이가 당황한 듯 되묻는데 제조부의 이마이도 불만스런 어조로 끼어들었다.

"또 다른 아이디어를 듣는 겁니까? 그럼 제가 제안한 제조 공정을 홍보하는 안건은 어떻게 되었습니까?"

"아니요, 그렇지 않습니다. 좀 더 다양한 의견을 듣는 것이 좋지 않을까 해서요."

마에다가 허둥대자 고문 역으로 참가한 부장이 한 마디 했다.

"마에다, 지난 번 했던 이야기를 되풀이할 생각이야? 이런 식이면 회의는 하나마나 아닌가. 오늘은 됐으니까 내가 진행하지."

'다양한 의견을 들으려고 한 것뿐인데, 도대체 뭐가 잘못된 거야?

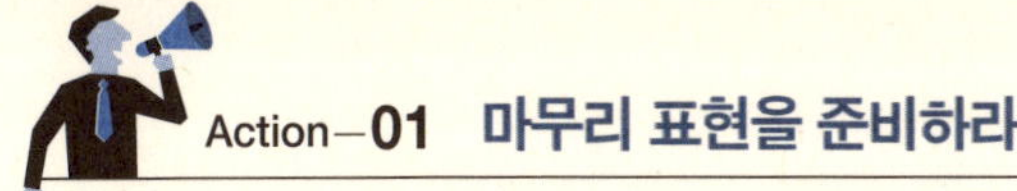

Action-01 마무리 표현을 준비하라

‘끝없이 논의만 하고 결론이 나지 않는다.’

‘정기적으로 모이지만 구체적인 행동으로 이어지지 않는다.’

세상에는 이런 회의가 너무 많다. 하지만 회의의 목적은 단순히 이야기를 나누는 것이 아니다. 어떠한 사안에 대해 결정을 내리고 실행해서 특정한 성과를 내기 위함이다. 그러므로 회의에 참여할 때는 목적을 명확히 해야 하며 몇 가지 주의해야 할 점이 있다.

첫째, 마무리 표현을 준비해야 한다. 회의에서는 여러 사람들이 수많은 의견과 아이디어를 제시하는데 그대로 방치해서는 안 된다.

“오늘 회의 내용을 한 마디로 요약하자면…….”

“오늘 회의에서 결정된 사항은 〇〇〇로 정리하겠습니다.”

이처럼 그날 논의한 내용을 한 마디로 정리하고 회의를 마쳐야 한다.

마에다는 첫 회의에서 이 과정을 제대로 실행하지 못했다. 그 결과 다음 회의에서는 지난 번 회의 내용을 무시한 모양새가 되어 참석자의 빈축을 산 것이다.

“오늘 회의 결과, 인터넷 판매와 제조 공정 홍보라는 두 가지 아이디어가 나왔습니다. 다른 의견이 없으시다면 다음 회의에서는 이 두 가지 안건을 중심으로 검토를 진행하기로 하겠습니다.”

이렇게 그날 내용을 마무리 지어 놓으면 다음 회의에서는 더 효율적으로 심화된 논의를 진행할 수 있다. 또 회의의 목적은 어디까지나 행동으로 옮기는 것이다. 진행자는 정리된 내용을 바탕으로 참석자들이 필요한 행동을 취할 수 있도록 이끌어야 한다.

**다시 말해 누가, 무엇을, 언제, 어떻게 할지
구체적인 행동 계획을 세우는 것이다.**

'인터넷 판매에 적합한 상품의 목록을 작성한다.'
'제조 과정 홍보에 적당한 콘텐츠를 마련한다.'
'동종업계에서 참고가 될 만한 홈페이지를 조사해온다.'
이처럼 필요한 행동을 정리해 각각 담당자를 정하고 다음 회의 때까지 실행해 결과를 발표할 수 있도록 유도해야 회의를 더 효과적으로 진행할 수 있고 가시적인 성과를 얻을 수 있다.

또 한 가지, 회의 진행에 중요한 규칙이 있다. 그것은 바로 회의 초반
에 먼저 목표를 제시하는 것이다.

등산할 때 정상이 보이지 않는 상태에서 하염없이 산중턱을 오르다
보면 '도대체 언제까지 이 언덕을 올라가야 하나' 하고 불안에 휩싸이
고 더 지치게 된다. 하지만 멀리서나마 정상이 보이기 시작하면 '조금
만 더 힘을 내자'라며 계속 오를 수 있다.

> **회의 진행자는 참석자들을 최종 목표에**
> **이를 수 있도록 이끌기 위해 초반에 산 정상,**
> **즉, 회의의 목표를 제시해야 한다.**

자동차의 내비게이션으로 목적지를 정하면 현재 위치에서 목적지
까지 여정이 명확해지듯이 회의에서도 목표가 정해지면 그에 도달하
는 과정도 따라서 결정된다. 다수의 아이디어를 얻으려는 회의와 결
정을 내리기 위한 회의는 애초에 목표 자체가 다르고 진행 과정도 달
라진다.

마에다도 두 번째 회의에서 목표를 먼저 제시해야 했다. 예를 들어
인터넷 판매 사이트와 제조 과정 홍보 사이트 중 어느 쪽으로 할지 결
정하자는 목표를 제시하는 것이다. 그렇게 하면 어느 한 쪽을 선택할

수도 있고 양쪽 기능을 모두 가진 홈페이지로 개발할 수도 있다.

목표가 정해지면 논의 과정도 자연스레 명확해져 구체적인 실행 방안이 나올 수 있다. 적어도 회의가 주제를 벗어나 탈선하는 일은 없을 것이다.

진행자는 시작 전에 회의 목표를 나타내는 의제, 즉 아젠다를 배포 자료나 회의 현장에 기록해서 참석자들에게 미리 알려주는 것이 좋다. "오늘 회의는 이 안건에 대해 결정을 내린다."라고 목표가 분명히 제시되어 있으면 그 다음 행동으로 진행할 수 있는 회의가 된다.

일 잘하는 사람들의 대화 스킬

"오늘 회의 결과를 정리하면 이렇습니다."
"오늘 두 가지 안건이 나왔으니, 다음 회의 때 좀 더 발전시켜보도록 하죠."

목적 없는 회의만큼 시간 낭비인 것도 없다. 회의는 여러 사람이 특정한 안건에 대한 해결책을 찾기 위한 자리다. 특별한 결론도 없이 회의가 흐지부지 끝나면 다음 번 논의해야 할 주제가 불명확해진다. 단순한 브레인스토밍이 목적이라면 문제없겠지만 중요한 사안을 결정해야 하는 회의라면 명확한 결론은 굉장히 중요하다.

"아직도 계약을 못한 이유가 뭐야?"
"업체에 아직 이야기를 못 꺼냈습니다……."

"다녀왔습니다."

막 거래처에서 돌아온 마에다에게 부장이 물었다.

"그래, 태양 마트 쪽은 어떻던가?"

"오늘 담당자를 만났는데요, 우리 신상품에 꽤 관심을 보이고 있습니다."

"그래, 잘됐군. 근데 지난번에도 같은 소리를 하지 않았나? 거기 지금 몇 번째 간 거야?"

"5번째인데요."

"뭐야? 그렇게 많이 갔어? 그런데 아직까지 계약 못 한 이유가 뭐야, 무슨 문제라도 있나?"

“아니요, 별문제 없습니다. 매번 제품에 대해 잘 설명하고 있으니까요.”

“그럼 이제 계약하자고 밀어붙여야지. 우물쭈물하다가는 기회를 놓친다고.”

“부장님, 감히 말씀 드리지만 영업은 신뢰 관계가 무엇보다 중요합니다. 천천히 인간관계를 쌓은 다음에 계약을 제안하는 것이……..”

“뭐? 지금 누구한테 가르치는 거야? 내 말은.”

기가 막힌 부장이 말을 이어가려는데 사카이가 마에다를 불렀다.

“선배님, 태양 마트에서 연락이 왔는데요.”

“아, 그래? 무슨 일이지?”

전화를 받는 동안 마에다의 얼굴이 점점 심각해졌다.

“네? 그럴 수가. 잠깐만요. 좀 너무하시지 않습니까? 그렇게 여러 번 상품 설명을 드렸는데요. 그러지 마시고 한 번만 더 기회를 주십시오. 아, 네. 그렇습니까.”

마에다의 목소리는 점점 잦아들었고 그는 결국 “그럼 다음 기회에 잘 부탁드리겠습니다.” 하고 힘없이 수화기를 내려놓았다.

곧장 이시다 부장이 달려왔다.

“어떻게 된 거야? 태양 마트가 뭐래?”

“그게, 이번에는 라이벌사의 제품을 대량 취급하게 되어서 구매 여력이 없다고, 우리 회사와 거래는 다음 기회로 미루자고 하네요.”

“내가 뭐랬어? 질질 끌다가 남 좋은 일만 시켰잖아!”

“죄송합니다. 다음번에 계약을 제안하려고 했는데……..”

“뭐야? 아직 계약 이야기도 안 꺼낸 거야?”

“네, 무리하게 밀고 나갔다가 거절을 당할 수도 있어서……..”

“자네, 뭐하는 사람인가? 계약 못 할 거면 지금까지 거기 가서 뭐 한 건데? 자네 인맥 쌓으러 다녔나?”

부장의 불호령을 들으며 마에다는 속으로 한탄했다.

‘충분히 설명한 뒤에 제안하려고 한 건데, 도대체 뭐가 잘못된 거야?

비즈니스 커뮤니케이션에서는 상대방을 지나치게 배려하다가 업무 성과를 놓치는 경우가 많다. 영업 활동을 마무리 지을 때를 생각해보자. 담당자와 충분히 친분도 쌓았고 상품 설명도 할 만큼 했다. 이제 계약만 남은 단계인데 결정적인 한 방을 터뜨리지 못해 성과를 날리는 영업 사원들이 적지 않다.

그들은 이런저런 걱정으로 정작 중요한 말을 꺼내지 못한다.

'여기서 계약 이야기를 꺼내면 상대가 뒷걸음치지 않을까?

'애써 쌓은 인간관계가 무너지는 것은 아닐까?

'거절을 당하면 어쩌지?

그런 불안감 때문에 "계약해주십시오!"라고 결정타를 치지 못하는 것이다. 하지만 모든 비즈니스의 최종 목적이 무엇인가? 상대를 움직여 내가 원하는 성과를 이끌어내는 것이 아닌가.

99퍼센트 잘 나가다가 마지막 1퍼센트를 채우지 못한다면 목적도 달성하지 못하고 그때까지의 수고도 모두 물거품이 된다. 결정적인 한마디로 얻을 수 있었던 성과이므로 아깝기 그지없다.

비즈니스는 어디까지나 비즈니스다. 영업 활동을 잘 마무리해도 계약이 성사되지 않을 때가 있다. 결정권은 상대가 쥐고 있으니 아무리 인간관계가 좋고 제품 설명이 완벽해도 충분히 거절당할 수 있는 것이다. 거절을 미리 걱정하기보다 적절한 타이밍에 결정타를 치는 것이 성과에 훨씬 도움이 된다.

거절을 당할 때 당하더라도, 한 가지 기억해야 할 것이 있다.

**그것은 바로 거절의 '이유'를
명확하게 파악해두는 것이다.**

상대가 나의 제안을 거절한 이유는 여러 가지가 있을 수 있다. 부인이 구입을 허락하지 않았다거나, 상사를 설득하지 못했다거나, 현재 금전적인 여유가 없어서 일 수도 있다. 상대가 거절의 이유를 알려주지 않을 때도 있지만 가능한 한 실패의 이유를 분석해야 한다. 그래야 문제의 해결책을 찾을 수 있다.

예를 들어 상사를 설득하지 못했다면 상사에게 타깃을 맞추어 그가 관심을 가질 만한 자료를 작성할 수 있다. 지금 당장 돈이 없다면 보너스가 들어왔을 시점에 다시 한 번 제안해볼 수도 있다.

'마무리에서 실패하면 끝이다'라고 생각하면 결정타를 날리지 못한다. 한 번 거절당한다면 다른 해결책을 생각할 수 있고 경우에 따라서는 깨끗이 단념하고 다른 거래처를 찾아보면 된다.

거절당하는 것이 두려워 언제까지나 시간을 끄느니 그 편이 훨씬 더 성과를 올릴 수 있다. 마지막 결정타까지 날리고 마무리해야 비로소 상품과 서비스를 팔 수 있다는 영업의 기본을 다시 한 번 되짚어 보자.

끝이 좋으면 모두 좋다는 말이 있듯이 프레젠테이션도 마무리가 중요하다. 프레젠테이션의 최종 목적은 발표자의 의도대로 상대를 움직이는 일이다. 구체적으로는 계약을 성사시키거나 채용되는 일이다. 하지만 프레젠테이션을 마무리할 때 '상대가 어떻게 하면 좋을지'를 제시하지 못한다면 듣는 사람은 행동으로 옮길 수가 없다.

예를 들어 증권회사의 영업 사원이 '수익률이 뛰어난 매력적인 금융 상품이 있다'고 고객에게 설명해도 '어디서 어떻게 얼마나 사면 좋을지', '어떤 절차를 밟아야 하는지'를 제시하지 않으면 고객은 행동으로 옮기지 않는다. 우물쭈물하는 사이에 고객의 마음이 변해 다른 회사에서 계약해버릴 수도 있다.

실제 프레젠테이션 현장에 가보면 마지막 결정타 없이 끝나는 경우가 많다. 상대를 움직이게 하는 것이 목적인 프레젠테이션이라면 마지막에 자신의 주장을 다시 한 번 확인시켜서 상대에게 강력한 인상을 심어 주어야 한다.

일 잘하는 사람들의
대화 스킬

"저희를 믿고 계약해주십시오!"

"부장님께 결재가 나지 않았다면 제안서를 다시 수정해보겠습니다!"

"상품이 마음에 드신다면 신청서를 작성해주시면 됩니다."

누군가에게 거절당하는 일이 유쾌한 사람은 없다. 하지만 일어나지도 않은 일을 미리 걱정하며 시간만 보내는 것은 성과에 치명적인 영향을 준다. 해야 할 말은 적절한 시기라고 판단될 때 망설이지 말고 하자. 좋은 관계를 구축하는 게 우선이라는 생각도 좋지만 결국 비즈니스란 목적을 달성하는 데 그 의미가 있지 않은가.

수많은 직장인이 대화법을 공부하는 이유는 아주 간단하다.

보다 원활한 비즈니스로 인해 업무의 성과를 올리고

회사에서도 일 잘하는 사람, 능력 있는 사람으로 인정받고

싶기 때문이다. 지금까지 나는 상대에게 내 의도를 정확하게

전달하는 방법과 보다 확실하게 상대를 설득하는 방법에 대해

이야기했다. 또한 말하기에 목적을 갖는 것이 얼마나 중요한지 설명

했으며 잘못된 대화의 유형에 대해서도 살펴보았다.

Part 4에서는 지금까지 배운 대화의 기술을 업무 성과로

연결하는 방법에 대해 말하려고 한다. 일을 잘하기 위해서

뛰어난 업무 스킬이 반드시 필요한 것은 아니다.

그보다 얼마나 유연하고 적극적인 커뮤니케이션으로

상대와 공감할 수 있는지가 승패를 좌우한다.

PART 4

Improve

업무성과 내기

말하기만 바꿔도
업무의 질이 달라진다

커뮤니케이션의 기본 원칙

커뮤니케이션에서 기본 원칙은 간단하다.

첫째는 상대, 둘째도 상대, 그리고 마지막 역시 상대라는 것만 기억하면 된다. 커뮤니케이션은 상대방이 있어야 성립한다. 그리고 그 상대란 자신과는 완전히 다른 인격체, 다른 생각을 가진 존재라는 사실을 잊어서는 안 된다.

또 하나 주의해야 할 것이 있다. 커뮤니케이션의 목적이 달성될지의 여부 또한 상대가 결정한다는 사실이다. 아무리 열심히 설명해도 본인이 원하지 않는 정보라면 그들은 움직이지 않는다. 커뮤니케이션의 목표를 달성할 수 없는 것이다. 이 기본 원칙을 제대로 인식하고 커뮤니케이션을 실행한다면 대화 기법을 자유자재로 활용해 원하는 성과를 얻을 수 있다.

나무에 비유해보면 업무 성과는 달콤한 과실이다. 대화법의 스킬은 가지와 잎, 그리고 커뮤니케이션 감각은 기둥이다. 그리고 모든 것을 지탱하는 것이 나무의 뿌리다. 이 뿌리는 상대라는 존재, 즉 듣는 사람에게 모든 결정권이 있다는 기본 원칙에 해당한다.

**뿌리인 기본 원칙을 소홀히 한 채로는
원하는 성과를 얻을 수 없다.**

나무 자체가 쓰러진다면 커뮤니케이션은 결코 성립하지 못한다. 반대로 기본 원칙만 확실히 인식하고 행동한다면 성과라는 달콤한 과실은 저절로 당신을 따라올 것이다.

성과를 올릴 수 있는 대화법의 3가지 요소

적극성과 공감성, 그리고 유연성

그렇다면 나무의 기둥에 해당하는 커뮤니케이션 감각이란 무엇일까? 좀 더 구체적으로 말하자면 그것은 바로 상황대응력이다. 대화 상대나 상황에 따라 어떻게 대처해야 하는지는 당연히 달라진다. 상황은 늘 변하기 마련이다. 틀에 박힌 대화법 스킬이 효과를 발휘하지 못하는 경우도 있다.

삼각논법의 예를 들어보자. 주장을 데이터와 이유 두 가지로 뒷받침하면 효과적으로 전달할 수 있다. 회의나 프레젠테이션, 보고와 같은 업무 현장에서는 상당히 효과적인 삼각논법도 다른 상황에서는 오히려 역효과가 날 수 있다. 연인과 대화에서 삼각논법으로 이야기한다면 아마도 '그렇게 따지고 들지 말라'며 기분 나빠할 것이다.

커뮤니케이션에서는 상황을 파악하고 그에 맞는 스킬을 자유자재로 활용할 수 있는 감각이 필요하다. 이런 상황대응력은 경험이 쌓이면 자연스럽게 키울 수 있지만 다음 세 가지 포인트만 주의한다면 단기간에 익힐 수 있다.

첫째는 적극성이다. 내 말을 정확하게 상대에게 전달하고 그를 움직이고 싶다면 '어떻게든 알아듣게 하자', '내 의도대로 협력하도록 만들자'는 적극적인 마음가짐이 필요하다. '내 말을 알아달라'는 식의 수동적인 자세는 금물이다. 내 쪽에서 먼저 마음을 열고 커뮤니케이션을 통해 상대를 이해하고 설득하려는 마음가짐이 중요하다.

둘째는 공감성이다. 상대의 이야기를 듣거나 질문을 통해 그가 어떤 상태에 있으며 무슨 생각을 하고 원하는 것이 무엇인지 알아낸 뒤 그에 맞춰 대응해야 한다.

셋째는 유연성이다. 커뮤니케이션에서 상대는 무엇보다 중요한 존재이다. 따라서 그에 맞춰 생각이나 대화법을 바꾸어야 한다. 자존심이나 과거의 실적, 고집 등에 사로잡히면 나를 앞세우는 일방통행식 대화가 되기 쉽다. 상대에 맞출 수 있는 유연성이 없으면 다양한 상황에 대처하기 어렵다.

커뮤니케이션 감각은
일상의 대화 속에서 자란다

나무가 열매를 맺을 때까지는 그 나름의 시간이 걸린다. 비바람을 견디고 충분히 햇살을 받은 끝에 맛있는 과실이 열리는 것이다. 업무 성과도 마찬가지다.

대화법의 기본 원칙을 충분히 이해하고 일상 속의 대화에서 커뮤니케이션 감각을 키워나가면 어떤 상황도 이겨낼 수 있는 튼튼한 나무로 성장하게 된다. 그런 다음 각자의 대화법 스킬을 활용한다면 더욱 크고 맛있는 과실을 얻을 수 있다.

사람은 사람에 의해 성장한다.
주변 사람들과 일상의 매순간들이
직장인에게는 가장 좋은 말공부 도구다.

일상의 업무 속에서 주변 사람들과 대화를 되풀이하며 커뮤니케이션 감각을 키워 나가자.

노(No)를 거꾸로 쓰면 전진을 의미하는
온(On)이 된다. 모든 문제에는 반드시
문제를 푸는 열쇠가 있다. 끊임없이
생각하고 찾아내어라.
—노먼 빈세트 필 Norman Vincent Peale

실천 여부가 성과를 가른다

지금까지 커뮤니케이션의 원칙과 스킬, 감각의 중요성을 살펴보았다. 이제 남은 것은 실천이다. 수많은 기업 연수에서 지금까지 말한 것과 같은 커뮤니케이션의 원칙과 스킬을 설명했다.

그 연수를 계기로 대화법이 바뀌고 훌륭한 성과를 얻은 사람이 있다. 하지만 유감스럽게도 그 후로도 이렇다 할 변화가 없는 사람도 있다.

전자와 후자의 차이는 무엇일까? 답은 간단하다. 그것은 바로 그것을 실천하느냐 하지 않느냐의 차이이다.

실적이 오르는 사람은 알게 된 사실을 실천한다. 배운 것을 실행에 옮기는 것이다. 결과는 자연스럽게 따라온다. 연수나 강의에서는 마음만 먹으면 누구나 할 수 있는 간단한 대화법 스킬을 소개한다. 예를 들어 '고개 끄덕이기'다.

상대의 이야기에 맞추어 고개를 끄덕이다 보면 자신의 말에 호응하는 태도에 상대도 신이 나 대화 자체가 활기를 띄게 된다. '고개 끄덕이기'의 효과는 개별 대화에서만 발휘되는 것이 아니다.

평소 입사하고 싶던 회사의 설명회를 찾은 한 여대생의 이야기다. 그날은 경영자가 직접 나와 회사에 대해 설명하는데, 그녀는 평소 배운 대로 고개를 끄덕이며 열심히 들었다고 한다.

설명회가 끝나고 돌아가려는데 인사부 직원이 그녀를 불렀다. 자신의 이야기를 진지하게 듣던 그녀의 모습을 눈여겨 본 사장이 꼭 한 번 만나보고 싶다는 것이다. 면접은 성공적이었고 그녀는 원하던 회사에 채용되었다. 수백 명이 참가한 설명회에서 그녀가 발탁된 것은 '고개 끄덕이기'의 효과 덕분이라고 할 수 있다.

인사법 하나로 결과가 바뀐다

일상의 작은 습관은 많은 것을 바꿀 수 있다. 예를 들어 '인사'를 들 수 있다. 대학 입시 면접을 앞두고 고등학생과 학부모가 찾아와 조언을 구했다.

면접은 결국 학생과 면접관이 나누는 대화다. 따라서 대화법의 기본 원칙인 '상대의 중요성', '상대방이 모든 것을 결정한다'는 사실을 설명한 뒤 처음 면접관을 만났을 때 밝고 활기차게 인사할 것을 강조했다. 활기찬 인사는 초면인 상대에게 긴장감을 늦추고 경계심을 없애는 효과가 있기 때문이다. 면접의 경우는 상대와 이야기하는 시간이 제한되므로 첫인상이 더더욱 중요하다.

얼마 뒤 학생은 합격했다는 기쁜 소식을 전하러 왔다.

"처음 들어가면서 '안녕하세요.' 하고 웃는 얼굴로 힘차게 인사했더니 면접관도 '안녕하세요.' 하고 말씀해주셨어요. 덕분에 저도 긴장이 풀려서 질문에 차분히 대답할 수 있었습니다."

인사의 중요성은 면접뿐 아니라 업무와 같은 일상 속의 어떤 커뮤니케이션 현장에서도 마찬가지다. 이처럼 사소한 행동 하나를 바꾸기만 해도 당신의 성과는 달라질 수 있다.

말 한마디로 인생이 바뀐다

말은 인생을 바꾸는 강력한 힘을 지닌다. 단 한 마디의 말이 자신의 기분을 변화시키거나 상대의 마음을 움직일 수 있기 때문이다.

회사를 나와 독립한 지 얼마 안 되었을 때다. 좀처럼 마음먹은 대로 일이 풀리지 않아 매일 매일 고민으로 지샜다. 자연히 한숨 쉬는 일이 잦아졌다.

"아…… 피곤하다."

그러면 아내는 또 한숨을 쉰다며 걱정 어린 잔소리를 했다. 그때 한 선배가 이런 조언을 해주었다.

한숨이 나올 때 '아' 하지 말고
'자, 그럼'이라는 말로
한번 바꿔 보는 건 어때?

'자, 그럼'은 주제를 전환하거나 무슨 일을 시작할 때 쓰는 말이다.

"자, 그럼 한번 해볼까?"

"자, 그럼 이제부터 시작입니다."

말 한마디로 뭐가 바뀔까 싶었지만 한번 써보기로 했다.

일을 마치고 피곤에 젖어 돌아왔을 때 "자, 그럼 씻고 푹 쉬자."라고 말했다. 일이 잘 안 풀릴 때는 "자, 그럼 다른 방법을 찾아보자."라며 스스로를 다독였으며, 기분이 우울한 날엔 "자, 그럼 커피라도 한 잔 할까."라고 기분을 환기시켰다.

　피로와 스트레스로 마음이 무거워질 때마다 이렇듯 의식적으로 '자, 그럼' 요법을 활용했다. 결과는 어땠을까? 신기하게도 기분이 훨씬 밝아지는 느낌이 들었다. '자, 그럼'의 효과는 단순히 기분 전환에만 그치지 않았다. 내 말을 들은 주변 사람들은 "오늘은 활기가 넘치시네요. 저도 덩달아 기분이 좋아집니다!"라고 말해주었다.

　단 한 마디, '자, 그럼'이라는 말로 바꾼 덕분에 자신의 의욕을 북돋으며 주변에까지 좋은 영향을 미칠 수 있었던 것이다.

알았다면 행동하라, 행동하면 바뀐다

이제 당신은 비즈니스 대화에서 필요한 여러 가지 스킬에 대해 알았을 것이다. 금방이라도 인간관계가 좋아지고 업무 성과가 오를 것 같은 기대감이 들지도 모르겠다. 하지만 알고 있는 것에 비해 상황은 쉽게 바뀌지 않는다. 그 이유는 왜일까? 행동으로 옮기기 전에 생각을 너무 많이 하는 탓이다.

대부분의 사람들이 다음과 같은 걱정으로 행동하기를 망설인다.

'정말 잘 될까?'
'해봐야 소용없는 것 아닌가?'
'내 경우에는 효과가 없지 않을까?'

그런 이유를 생각할 여유가 있다면 알고 있는 사실을 당장 실행에 옮겨보자. 알고 있다면 실행해야 한다. 변화는 실행 후에 생기기 때문이다.

가령, 인사의 중요성을 알게 되었다면 실천해보자. 그러면 상대의 반응이 달라지고 대화에 활기를 찾을 수 있다. 듣는 법을 터득했다면 행동으로 옮기자. 상대의 말투가 달라지고 관계는 더 돈독해질 것이다.

설명하는 법을 알게 되었다면 그대로 적용해보자. 그러면 전달하는 법이 바뀌고 상대의 이해도가 높아진다. 설득하는 요령을 깨쳤다면 그대로 실행하자. 상대는 당신의 의도대로 움직여 줄 것이다. 대화법에 필요한 스킬을 배웠다면 반드시 행동으로 옮기자. 결과에 변화가 생길 것이다.

아직 감각이 다 길러지지 않은 동안에는 상대나 상황에 따라 바라던 결과를 얻지 못할 수도 있다. 하지만 대화 능력을 키우기 위해서는 도전하고 실패의 경험을 쌓는 것이 효과적이다.

이번에 잘 되지 않았다면 그 이유를 분석해서 다음 기회에 성공하면 된다. 도전이 계속되면서 커뮤니케이션 감각은 자연스럽게 길러진다. 누구나 '변화'에는 저항을 느낀다. 그것이 아무리 나쁜 행동이나 습관이라도 바꾸기는 쉽지 않다. 하지만 당신이 마주해야 하는 상대와 상황은 확실히 변화하고 있다.

단 한마디를 바꾸는 용기를 내보자. 그 용기는 결코 당신을 배신하지 않을 것이다.

수많은 직장인들이 오늘도 바쁜 시간을 쪼개어 프레젠테이션 강의를 듣고 서점에서 대화법 책을 사 읽는다. 유창한 실력자들이 알려주는 대화의 팁을 한 자도 빠짐없이 수첩에 적거나 거울을 보며 배운 제스처나 기술을 연습해보기도 한다. 이렇듯 그들이 말에 대해 끝없이 자기계발을 하는 이유는 무엇일까?

이유는 단순하다. 상대의 마음을 '사로잡고' 싶기 때문이다. 누군가를 설득해야 하든, 누군가와 유창하게 대화를 이어가야 하든, 누군가에게 인정받고 싶든 결국 상대의 마음이 움직여야 가능한 일이다. 성과는 그 다음 문제다. Part 3의 마에다 이야기에서 살펴봤듯이 오로지 성과를 위해서만 말하기 시작하면 상대는 순식간에 등을 돌리고 인간관계 역시 삐걱거리기 십상이다. 결국 '저 사람은 자기 할 말만 한다' 는 인상만을 남기며 성과 역시 물 건너 갈 것이다.

책을 시작하며 나는 모든 말하기에는 반드시 '상대'가 있어야 한다고 강조했다. 이 책을 마무리하는 시점에서 다시 한 번 그 이야기를 꺼내고 싶다. 말하기 고수들의 방법을 무작정 따라하기보다는 지금 이 순간 자신의 앞에 앉은 상대에 대해 한 번 더 생각해보기를 바란다. 상대는 어떤 성향을 지닌 사람인지, 무엇을 중요하게 생각하는지, 우리가 마주 앉은 이유는 무엇인지에 대해 고민하다보면 어떤 말을 어느 때 꺼내야 할지는 자연스레 떠오르게 될 것이다.

조급하게 생각하지 마라. 말공부는 하루아침에 되는 것이 아니다. 그리고 당신이 기존에 갖고 있던 말하기에 대한 고정관념이나 상식에서 벗어나라. 말하기에 누구에게나 통용되는 정답은 없으며 교과서 역시 존재하지 않는다.

당신이 기억해야 할 것은 하나다. 말은 입과 소리로만 하는 것이 아니라는 사실이다. 지금 이 순간에도 일어나고 있을 수많은 커뮤니케이션, 즉 사람의 마음을 얻는 일에 이 책이 가장 강력한 바이블이 될 수 있기를 바란다.

직장인의 말공부

초판 1쇄 인쇄일 2015년 7월 29일 • 초판 1쇄 발행일 2015년 8월 5일
지은이 사쿠라이 히로시 • 옮긴이 박선영
펴낸곳 도서출판 예문 • 펴낸이 이주현
기획 김유진 • 편집 박정화 • 디자인 김지은 • 마케팅 이운섭 • 관리 윤영조 · 문혜경
등록번호 제307-2009-48호 • 등록일 1995년 3월 22일 • 전화 02-765-2306
팩스 02-765-9306 • 홈페이지 www.yemun.co.kr
주소 서울시 강북구 미아동 374-43 무송빌딩 4층

ISBN 978-89-5659-255-8   13320